Dr. Mathias Hüttenrauch & Benedikt Ötting

Abstieg

Demokratische Bedeutungslosigkeit
– Ist Deutschland aus der Balance?

Abstieg

Demokratische Bedeutungslosigkeit
– Ist Deutschland aus der Balance?

Imprint der Verlagsgruppe StudyHelp GmbH, Paderborn
www.forwardverlag.de

1. Auflage

Autoren: Dr. Mathias Hüttenrauch & Benedikt Ötting

Kontakt: info@forwardverlag.de
Umschlaggestaltung: @magier
Druck: mediaprint solutions GmbH

Hinweis zur sprachlichen Gestaltung
Aus Gründen der besseren Lesbarkeit wird in diesem Buch auf geschlechtergerechte Sprachformen verzichtet. Sämtliche Personenbezeichnungen gelten – unabhängig von der gewählten Form – gleichermaßen für alle Geschlechter. Diese Entscheidung stellt keine Wertung dar. Alle Leserinnen und Leser sind gleichermaßen angesprochen und eingeladen, den Inhalt dieses Buches in diesem Sinne zu verstehen.

ISBN 978-3-98755-131-4

Inhaltsverzeichnis

Danksagung

Dieses Buch wäre ohne die Hilfe und das Engagement vieler Menschen in unserem Umfeld nicht möglich gewesen. Wir danken Daniel Weiner, Jasmine Messarius, Patrick Kapellen und dem gesamten Team des ForwardVerlags für die professionelle und angenehme Zusammenarbeit von Anfang an. Unser besonderer Dank gilt Carl Meier für seine wertvollen Hinweise und präzisen Korrekturen, die uns stets auf den richtigen Weg gebracht und dieses Buch wesentlich bereichert haben. Unser Dank gilt auch dem gesamten Team des Waldhotels Bärenstein, unserem „zweiten Zuhause“ während der Arbeit an diesem Buch. Die herzliche Gastfreundschaft haben wir sehr genossen.

Benedikt:

Mein besonderer Dank gilt meinen Eltern Uta und Christian sowie meiner Schwester Teresa, die mich immer unermüdlich unterstützt und mir den Raum und die Möglichkeit gegeben haben, dieses Buch zu schreiben. Meiner Oma Adelheid, deren Liebe, Weisheit und unerschütterlicher Glaube mich immer begleiten – dieses Buch ist auch ein Teil von ihr. Und für Luis, der mir auf diesem Weg den Rücken freigehalten und mich bedingungslos unterstützt hat.

Mathias:

Ich möchte meiner lieben Ehefrau Susanne, unseren wunderbaren Kindern, Ron und Charlet und unserer Waltraud danken, die mich in diesem Projekt bestärkt und unterstützt haben! Im Gedenken an meinen Vater Peter und meinen Großvater Willy, für die unvergesslichen gemeinsamen Momente und die prägenden Lebensweisheiten, die sie an mich weitergegeben haben!

Vorwort

Deutschland steht am Scheideweg.

Während sich die Welt rasant verändert, scheint unser Land nicht voranzukommen – gehemmt durch Bürokratie, moralische Überhöhung und eine Politik, die scheinbar mehr verwaltet als gestaltet. Die Frage ist nicht, ob wir uns aktuell in einer Krise befinden. Die eigentliche Herausforderung liegt viel tiefer: Wir haben ein strukturelles Problem, das uns zunehmend unserer globalen Bedeutung beraubt.

Dieses Buch ist keine Klageschrift, sondern eine Analyse. Wir beleuchten die Ursachen unserer wirtschaftlichen und gesellschaftlichen Stagnation und fragen: Warum sind wir als einst führende Nation der Innovation, des Fortschritts und des Denkens vom Weg abgekommen? Liegt es am Wohlstandsindividualismus, an einer Politik der Selbstzufriedenheit oder an einer leistungsfeindlichen Gesellschaft?

Die Idee zu diesem Buch entstand aus unzähligen gemeinsamen Debatten und Diskussionen, die wir nicht einfach so stehen lassen wollten. Statt uns von ideologischen Gräben trennen zu lassen, wollten wir zeigen, dass Lösungen nur dann nachhaltig sind, wenn sie generationenübergreifend gedacht werden.

Der Dialog zwischen unterschiedlichen Perspektiven ist kein Hindernis, sondern eine Chance: Er baut Brücken, ermöglicht Verständnis und schafft Wege, von denen alle profitieren.

Wir betrachten Deutschland aus zwei Perspektiven – zwei Generationen mit unterschiedlichen Erfahrungen, aber einer gemeinsamen Überzeugung: Veränderung ist nötig und möglich. Aber dieser Wandel beginnt nicht erst bei den politischen Institutionen oder den wirtschaftlichen Eliten. Er beginnt bei jedem Einzelnen.

Unser Buch soll Denkanstöße liefern. Es stellt provokante Fragen und bietet pragmatische Lösungsansätze, die über das Bekannte hinausgehen. Unser Ziel ist es, nicht nur Missstände aufzuzeigen, sondern Wege aus dem gegenwärtigen Abstieg zu skizzieren.

Wer den Status quo als gegeben hinnimmt, verschwindet in der Bedeutungslosigkeit. Wer ihn infrage stellt, kann Veränderung bewirken. Hinterfragen wir ihn gemeinsam.

Einführung

Deutschland verändert sich. Das war schon immer so und so wird es immer bleiben. Die Technik, die uns im Alltag begleitet und lenkt, wandelt sich vom „mechanisch Anfassbaren" zum „digital Abstrakten".

Unsere Wirtschaft, die jahrzehntelang vom Credo „Wandel durch Handel" geprägt war, bewegt sich hin zu einer rückwärtsgewandten, die möglicherweise in den nächsten Dekaden global bedeutungslos wird.

Unsere Gesellschaft verändert sich von einem wertegeleiteten Miteinander, hin zu einer individualistisch geprägten „Wohlfühlgesellschaft", mit Menschen, bei denen es uns nicht mehr gelingt, sie in unsere Mitte aufzunehmen und zu integrieren.

Dies meint Geflüchtete und Schutzsuchende, ebenso wie Randgruppen im rechten und linken Spektrum und weitere Minderheiten. Und zu guter Letzt wandelt sich auch unser politisches System – unsere freiheitliche, liberale Demokratie. Die Geschwindigkeit der Entscheidungen, die Fähigkeit des Systems, auf Herausforderungen und Veränderungen schlagfertig und effizient zu reagieren, werden infrage gestellt und die Forderungen nach mehr singulärer Entscheidungsmacht werden lauter.

Ein kultureller Wandel war schon immer Bestandteil einer lebendigen Gesellschaft. Dieser Wandel kommt nicht immer abrupt und in voller Härte. In den meisten Fällen vollzieht er sich in Form einer Kausalkette von vielen kleinen Entwicklungen, die sich, unterstützt von politischen Entscheidungen und Interessen der regierenden Parteien, nach und nach zu einem komplexen Gesamtbild fügen. Diese Kausalketten sind komplex und nicht immer Teil dessen, was die breite Öffentlichkeit mitbekommt oder was ihr kommuniziert wird.

In Zeiten, in denen soziale Medien Fake News verbreiten und in den etablierten Medien die Tiefe der Recherche abnimmt, ist es wenig überraschend, dass die Verkettungen von Ereignissen, die zu dem jeweiligen Wandel führen, gar nicht wahrgenommen werden. Hier dominiert die „gefühlte Wahrheit". Die Wahrnehmung, was wir fühlen – wie wir uns fühlen – übertrumpft hier das, was tatsächlich auf Fakten, Tatsachen und statistischen Erhebungen beruht.

Warum passt aber genau diese Diskrepanz nicht zu Deutschland? Deutschland, das Land der Dichter und Denker, wurde geprägt von einer identitätsstiftenden Koexistenz aus Kunst und Wissenschaft. Johann Wolfgang von Goethe, Friedrich Schiller oder Albert Einstein prägten Epochen und veränderten das Denken und Verständnis unserer Gesellschaft bis heute.

Karl Benz, Werner von Siemens, Robert Bosch oder Heinz Nixdorf stehen noch heute mit ihren Namen für ganze Weltkonzerne und gesamte Technologien und haben über das letzte Jahrhundert ganze Wirtschaftszweige geschaffen und Arbeitsplätze generiert. Gepaart mit Tugenden wie Disziplin, Opferbereitschaft, Pünktlichkeit und Qualitätsbewusstsein wurde Deutschland weltweit für seine Philosophie und Technologien geschätzt und bewundert.

Der Erfolg, der resultierende Wohlstand und der viel bewunderte Sozialstaat – eine Folge dieses Wohlstandes – machte die deutsche Volkswirtschaft zu einem Vorbild und Vorreiter für die gesamte Welt. Dieser Erfolg beruhte jedoch nicht nur darauf, dass wir gedankenlos demjenigen gefolgt sind, der am lautesten geschrien und so die meiste Aufmerksamkeit generiert hat. Auch entstand er nicht dadurch, dass wir das Bedürfnis des Individuums stets und zu jeder Zeit in das Zentrum unseres Handelns gestellt haben.

Unser wirtschaftlicher Wohlstand basierte vorwiegend darauf, dass wir als Nation rational, faktenbasiert und gemeinschaftlich agiert und gehandelt haben, womit es uns möglich wurde, führende Spitzentechnologien in die gesamte Welt zu exportieren. Und genau diese bisherigen technischen Errungenschaften zeigen, dass es uns auch künftig zu Erfolg führen wird, wenn wir Wissenschaft und Naturgesetze, ebenso wie Leistungsbereitschaft und Wille, in unseren Mittelpunkt rücken.

Hätten damals nicht der naturwissenschaftliche Sachverstand, sondern die Polemik und die Dominanz der Reichweite im Vordergrund gestanden, so wären der Verbrennungsmotor, der Kühlschrank oder das Farbfernsehen die Erfindungen und Technologien anderer Nationen geworden. Der „gefühlten Wahrheit" zu vertrauen, hätte dazu geführt, dass Deutschland nicht nach den USA, China und Japan zu den wohlhabendsten Ländern dieses Planeten gehört.

Eine starke Wirtschaft, verteilt auf die breiten Schultern unseres Mittelstandes, hat es uns ermöglicht, unsere Demokratie zu festigen und einen Sozialstaat zu unterhalten, der Schwache und Bedürftige in nahezu allen Lebenslagen unterstützt.

Lauscht man nun Politikern und Wissenschaftlern, vor allem aber den Menschen in diesem Land, wird der Eindruck geweckt, dass genau diese Wirtschaftskraft, diese gefestigte Demokratie und dieser massive Sozialstaat akut gefährdet sind. Betrachtet man aktuelle Zahlen und Fakten, zeichnet sich folgendes Bild von Deutschland ab:

Ein geringes Wirtschaftswachstum, ein wachsender Investitionsstau in den Bereichen Digitalisierung, Infrastruktur und Verteidigung sowie Bildungsdefizite im OECD-Vergleich, eine negative Produktivität über die vergangenen Jahre und eine ausufernde Schuldenquote, gepaart mit enormen, bürokratischen Aufwänden, stellen Deutschland vor bisher ungekannte Herausforderungen.

Es scheint, als seien wir als Gesellschaft und als Land mit ehemals vielen kleinen Krisen, aus denen tiefgreifende strukturelle Probleme wurden, in einem anhaltenden Abstiegskampf in eine drohende internationale Bedeutungslosigkeit gerutscht.

Wie konnte es dazu kommen? Und noch dazu in diesem massiven Tempo?

So wie es pünktlich zu jeder Welt- oder Europameisterschaft über 80 Millionen „Bundestrainer" gibt, so gibt es auch hierzu ausreichend Meinungen. Wir möchten in diesem Buch einen Versuch wagen, uns diesen Themen strukturiert anzunähern. Hierfür betrachten wir Deutschland aus vier Perspektiven:

1. Technologie

Deutschland war traditionell immer führend in puncto Technologie.

Selbst in der Nachkriegszeit, unter schwierigsten Bedingungen, stieg Deutschland schnell wieder in den Kreis der führenden Industrienationen auf. Auch nach der Spaltung Deutschlands haben die Bundesrepublik, aber auch die DDR, in ihren jeweiligen politischen Systemen wirtschaftliche Führungsrollen übernommen.

Zu diesen Zeiten herrschte eine nüchterne Sachlichkeit, gepaart mit einem naturwissenschaftlich geprägten Sachverstand, in dem primär das Ingenieurwesen hoch angesehen war. Diese Ingenieure, wie z. B. Ferry Porsche, erhielten die Freiräume, aus ihren Erfindungen nutzbringende Produkte für die Gesellschaft herzustellen und dann in Massenproduktion zu industrialisieren.

Damit haben sie die Grundlage des Wirtschaftswunders nach dem Krieg gelegt, aber auch für weitere Dekaden das Rückgrat einer erfolgreichen deutschen Exportwirtschaft gebildet.

Dabei entstanden nicht nur globale Großkonzerne wie VW und Porsche, sondern auch viele Hidden Champions im Mittelstand, die sich in keinem anderen Land so erfolgreich entwickeln konnten wie in Deutschland. Um diese gesunde mittelständische Struktur haben uns andere Nationen jahrzehntelang beneidet.

Betrachten wir beispielsweise unseren Nachbarn Frankreich. Dort ist in den späten Neunzigerjahren die Industrialisierungsquote, gerade durch das Sterben des Mittelstandes, drastisch gesunken, woraufhin im Prinzip nur noch Großkonzerne oder Kleinunternehmen übrigblieben.

Schuld daran waren unter anderem überzogene Forderungen der Politik und Gewerkschaften, die der Mittelstand einfach nicht mehr leisten konnte.

Natürlich wäre es viel zu simpel, die Schuld nur in der Politik oder bei den Gewerkschaften zu suchen. Eine überbordende Bürokratie, gepaart mit hohen Steuern und hohen Standortkosten im Bereich der Löhne und Energie, ist nur dann auszugleichen, wenn man Premiumprodukte mit hoher Produktivität herstellt und exportiert, für die die Kunden bereit sind, höhere Preise zu bezahlen.

Genau diese „Vormachtstellung“ hat Deutschland aber nicht mehr, da andere Nationen lernwillig sind und nun fleißig aufgeholt haben. Lange ist es vorbei, dass sich ein Land wie China nur mit Billigprodukten zufriedengibt. „Made in Germany“, das Qualitätsmerkmal, welches über Jahrzehnte für Langlebigkeit und Zuverlässigkeit stand, stellt im globalen Vergleich längst kein Alleinstellungsmerkmal mehr dar.

Außerdem hat der vorsichtige Umgang mit der Datenverarbeitung dazu geführt, dass wir zwar in mechanisch anfassbaren Geschäftsmodellen weiterhin Weltmarktführer sind, in abstrakten datenbasierten Geschäftsmodellen allerdings keine globale Rolle mehr spielen. Man könnte sagen: Dort sind die „Datenzüge“ ohne Deutschland aus dem Bahnhof gerollt und nur noch schwer einholbar.

Diese Entwicklung gilt in einer Welt, in der sich viele Produkte, wie etwa das Automobil, vom „mechanisch geprägten“ hin zum Softwareprodukt entwickeln, als fatal. Dieses Defizit erklärt, warum eine ganze Industrie auf dem Weg zur E-Mobilität und zum autonomen Fahren von einer weltweiten Spitzenposition in technologische Abhängigkeiten außerhalb Europas gerät.

Die Gravitationszentren dieser neuen Technologien liegen jedenfalls schon lange nicht mehr in Europa. Das drückt sich auch darin aus, dass von den 20 wertvollsten Unternehmen der Welt ca. die Hälfte datenbasierte Geschäftsmodelle betreibt. Nur noch der Luxusgüterkonzern, LVMH, kommt dabei aus Europa. Deutschland selbst ist in dieser Liste gar nicht mehr vertreten. Unternehmen wie die Deutsche Bank, Daimler Benz, Siemens, BASF oder Volkswagen, die 1990 noch unter den 50 wertvollsten Unternehmen der Welt zu finden waren, sind abgestiegen.

Warum genau haben wir uns nun aber so schwer mit dem Thema Daten getan, als wir noch eine gute Ausgangssituation hatten?

Vielleicht war es uns wichtiger, moralisch theoretisiert am Vormittag über Datenschutz zu debattieren, um dann am Nachmittag freiwillig unsere persönlichen Daten an ausländische Unternehmen wie Apple, Meta oder Microsoft zu übermitteln.

Während wir vor und zurück diskutierten, ob die gesamte Datenverarbeitung richtig ist, hat der Rest der Welt alles daran gesetzt, die Datenzüge aufzugleisen und ohne uns losfahren zu lassen.

Wie kommen wir also dahin, dass wir selbst wieder in diesen neuen „Technologiezügen" sitzen werden? Sind es dringend umzusetzende Bildungsreformen? Ist es eine Rückkehr vom Übermoralischen zum vernünftig Fortschrittlichen?

Müssen wir die Naturwissenschaften wieder mehr in den Mittelpunkt rücken und Forschungsergebnisse frei und unbürokratisch industrialisieren, wie es uns andere globale Regionen vormachen? Wie kommen wir zurück zu einer global führenden Technologie-Nation?

2. Ökonomie

Wieso hat sich der stetige Abstieg unserer Volkswirtschaft aus dem globalen Elitestatus nicht früher bemerkbar gemacht und trifft uns nun so hart?

Wie schon unter dem Aspekt *Technologie* beschrieben, haben sich die Standortfaktoren für Deutschland in Bezug auf Energie- und Lohnkosten sowie Bürokratie, Steuern und Infrastruktur in den vergangenen Jahren nachteilig entwickelt. So konnte Deutschland in den vergangenen zehn Jahren weder nennenswerte Produktivitätssprünge erzielen noch dieses Defizit durch bahnbrechende Innovationen ausgleichen, für die globale Kunden bereit sind, höhere Preise zu zahlen.

Wenn jemand nur wenig Zeit hat, die ökonomische Situation einer Firma oder eines Landes einzuschätzen, schlagen wir immer vor, sich auf die Produktivität zu fokussieren. Vielleicht ist sie eine der „ehrlichsten" ökonomischen Kennzahlen. In ihr drückt sich langfristig immer die Antwort auf die Frage aus, ob das Handeln der Verantwortlichen entweder zu höheren Preisen oder zu geringeren Kosten geführt hat.

Nur so lässt sich am Ende die tatsächliche Produktivität steigern.

Keiner von uns würde in eine Firma investieren, die es über einen längeren Zeitraum nicht geschafft hat, ihre Produktivität zu steigern. Das könnte auch ein Grund sein, warum sich derzeit internationale Investoren schwertun, in Deutschland zu investieren. Denn viele der Investitionsfaktoren, wie unter anderem Energiekosten, Abgabelasten, Bürokratie und Rechtssicherheit sprechen leider nicht mehr für unser Land.

Selbst ein letztes wichtiges Kriterium, wie das der Rechtssicherheit, hat spätestens nach dem „rückwirkenden Kippen" bestehender Gesetze zu einem nachhaltigen Vertrauensverlust bei den Investoren geführt. Die gescheiterte rückwirkende Mietpreisbremse in Berlin lässt da als Beispiel grüßen.

Aber auch das Top-Management der deutschen Wirtschaft trägt seinen Anteil am heutigen Zustand des Abdriftens in die globale Bedeutungslosigkeit. Denn viel zu lange ging es uns, aus glücklichen Umständen und nicht wegen tatsächlicher Produktivitätssteigerungen, viel zu gut. Drei Faktoren spielen hier eine große Rolle:

Faktor 1: Der hohe Exportanteil deutscher Produkte

Der hohe Exportanteil deutscher Produkte, besonders auf dem asiatischen und speziell auf dem chinesischen Markt, führte in den vergangenen 20 Jahren zu außerordentlichen Profiten. Dass man dabei verkannte, wie schnell asiatische Unternehmen lernten, unsere Technologien zu absorbieren und zu optimieren, war entweder ein kalkuliertes, aber langfristig teures „Eintrittsticket" in diese Märkte oder schlichtweg die Arroganz des globalen Marktführers.

Wie rasant dabei ganze Industrien von China oder Südkorea übernommen wurden, lässt sich gut am Beispiel der Elektronik- und Solarindustrie oder der Herstellung von Schnellbahnzügen sehen.

Was sind die nächsten Industrien?

Der Trend in der Automobilindustrie ist eindeutig: Mit der politisch gewollten und forcierten Einführung der E-Mobilität ist die Abhängigkeit von chinesischen und südkoreanischen Batterieherstellern unübersehbar.

Während vor nicht einmal 20 Jahren deutsche Facharbeiter in China beim Hochfahren einer Fabrik die chinesischen Mitarbeiter vor Ort schulen mussten, geht heute beim Hochfahren einer Batteriezellenfabrik in Europa ohne chinesische oder südkoreanische Fachkräfte nichts mehr.

Wer einen Besuch durch diese Fabriken ermöglicht bekommt, wird wohl kaum deutschen Maschinenbau, aber dafür sehr viel asiatisches Equipment, gepaart mit asiatischen Fachkräften vor Ort, finden.

Und wie sieht es demnächst mit der Luftfahrtindustrie aus? Der chinesische Hersteller Comac bereitet sich auf seinen Markteintritt vor. Obwohl sie lange Zeit belächelt wurden, arbeitet Comac nun in Kooperation mit chinesischen Batterieherstellern an elektrisch angetriebenen kleinen Flugzeugen, die später größer werden dürften.

Vielleicht ist das der Vorteil der chinesischen Hersteller, denen oft keine lange Geschichte inklusive einer eventuell damit verbundenen Bürde anhaftet. Den Menschen aus China wird zwar nicht unbedingt Kreativität und Ideenreichtum nachgesagt, sie sind aber enorm stark in der Umsetzung und Optimierung bestehender Technologien. Das führt dazu, dass sie manchmal eine Technologie einfach überspringen können.

Faktor 2: Preiswerte russische Energie

Der zweite Faktor, der die Bilanzen deutscher Firmen in den vergangenen 20 Jahren – vor Corona und dem Ukraine-Konflikt – besser hat aussehen lassen, war die preiswerte russische Energie. Diese ist jedoch, fast über Nacht, weggebrochen. Man spricht heute von einer Energiewende, die tatsächlich aber vor allem im internationalen Vergleich zu den höchsten Energiekosten führt.

Auch hier gab es scheinbar niemals Frühwarnsysteme oder Alternativszenarien, die man spätestens nach dem „Fukushima-Ausstieg“ aus der Atomenergie hätte parat haben müssen.

Faktor 3: Niedrig-Zinsen nach Lehman-Brothers-Krise
Der dritte Faktor, welcher der deutschen Wirtschaft Rückenwind verschafft hat, besteht in den niedrigen Zinsen, von der Zeit nach der Lehman Brothers Krise im Jahr 2008 bis zum Ausbruch der erhöhten Inflation im Jahr 2022.

Geld aufzunehmen und sich zu verschulden, war also preiswert und machte jegliche Investitionen einfacher und Fremdkapital billiger.

Wie gelingt es also der deutschen Volkswirtschaft, wieder zurück auf die Erfolgsspur zu kommen und das sogar aus eigenem Antrieb, ganz ohne glückliche Marktbedingungen? Welche Faktoren müssen sich am Standort Deutschland ändern? Welche Themen gehören nunmehr permanent auf die Agenda deutscher Top-Manager? Wie bekommen wir die nächsten Generationen wieder in eine Leistungsbereitschaft, die dem internationalen Vergleich standhält?

Und als Konsequenz aus allem: Wie kehrt Deutschland zu alter Produktivität zurück?

3. Politik

Der kulturelle Wandel wirkt sich auch auf unser politisches System aus. Viele Bürger in diesem Land bekommen das Gefühl, dass die Regierung und unsere Demokratie nicht mehr in angemessener Geschwindigkeit und Durchsetzungsstärke auf politische Ereignisse reagieren können – unabhängig von politischen Richtungen.

Zu vielen Interessengruppen darf kein moralisches Unrecht zugefügt werden, zu viele Kompromisse müssen geschlossen werden, um ein tatsächliches Ergebnis herbeiführen zu können, das wirklich Probleme löst.

Die Folge: Lauter werden die Stimmen für kompromisslose Entscheidungen, für mehr Entscheidungsmacht einzelner Parteien und Personen sowie mehr Autokratie. Die Kritik am jetzigen Politikbetrieb endet hier noch nicht. Seilschaften zwischen Abgeordneten, Lobbyisten, Beamten und Medien werden ebenso kritisiert, wie der Vorwurf, Berlin habe sich in einer von den Medien gestützten, links-grünen Blase vom restlichen Land abgekapselt.

Aus diesen Gründen ist das Vertrauen in die Regierungen gering. Viele Menschen fühlen sich verlassen, nicht repräsentiert oder von nicht gehaltenen Versprechungen der Regierung hinters Licht geführt.

„Wir schaffen das!" Die Antwort von Angela Merkel auf die Flüchtlingskrise aus dem Jahr 2015 scheint symbolisch für das, was dieses Land in den vergangenen Jahren nicht geschafft, sondern versäumt hat. Die Rentenpolitik, eine marode Infrastruktur, Rückstände in den Bereichen Bildung und Verteidigung, eine ungelöste Migrationsfrage, mangelnde Digitalisierung und ausufernde Bürokratie sowie die dringende Frage des Klimawandels.

Diese Probleme sind weder den Regierungen noch den Bürgern unbekannt, und obwohl die Daten und Fakten zu all diesen Themen klar sind, ist es bisher nicht gelungen, dauerhafte und nachhaltige Lösungen zu finden.

Wie ist es dazu gekommen? Wie kommen wir wieder zu einem „reformfreudigen" und mutigen politischen System? Welche Lösungen könnten dazu beitragen, unseren Staat und unsere Demokratie weiterzuentwickeln? Und als Resultat: Wie kann die Politik Deutschland wieder zu seiner Stärke zurückführen?

4. Gesellschaft

Der gesellschaftliche Wandel ist aktuell mehr zu spüren als je zuvor. Die Freiheiten und Möglichkeiten der individuellen Entfaltung sind so groß und vielfältig wie noch nie in der deutschen Geschichte. Dieses trifft aber auch auf die aktuellen Probleme zu. Eine wirtschaftliche Schwäche, sinkendes internationales Ansehen und eine ungelöste Integrationsfrage sind nur ein paar Beispiele von vielen.

Insofern sind die Beobachtungen, um die sich die gesellschaftliche Debatte in Deutschland dreht, umso interessanter und erstaunlicher. Diese ist geprägt von Streitereien um Nebenkriegsschauplätze, beispielsweise der Vier-Tage-Woche und Identitätsdiskussionen.

Auffällig ist ebenfalls, dass die Debatte von einer derart starken Erregungskultur geprägt ist, die jemanden schnell zur Zielscheibe der sozialen Medien und Journalisten machen kann, sobald derjenige aus dem gängigen Meinungskorridor ausbricht.

Eine Sache scheint in der gesellschaftlichen Auseinandersetzung mittlerweile komplett zu fehlen: der Klimawandel. Was vor vier Jahren noch Wahlkampfthema Nummer eins war, wirkt im Jahr 2025 nur noch wie ein Thema für überzeugte Aktivisten oder Klimaleugner. Die Signale der Wissenschaftler sowie die Daten- und Faktenlage sind jedoch alarmierender als je zuvor und müssten gerade für uns Europäer einen unmittelbaren Handlungszwang darstellen.

Sobald es nun darum geht, dass sich zur Lösung des Problems der Einzelne ändern oder einschränken muss, heißt es relativ schnell: „Not in my backyard“ oder zu Deutsch: „Nicht mit mir“. Oder noch besser: „Das ist ein Problem der Politik.“

Gesellschaftliche oder individuelle Verantwortung vermisst man mittlerweile in der Breite der Bevölkerung.

Wie kam es dazu, dass zu jeder Zeit das Individuum als zentrales Entscheidungsinstrument herangezogen wird? Wie kam es dazu, dass Gemeinschaft und Eigenverantwortung immer weniger Beachtung finden?

Und vor allem: Wie kann es uns gelingen, uns auch zukünftig als Gesellschaft nicht spalten zu lassen und gemeinsam die beste Lösung zu finden?

In diesem Teil werden wir eine Betrachtung vor dem Hintergrund unserer Zugehörigkeit zu unterschiedlichen Generationen vornehmen. Mathias ist Teil der Generation der Babyboomer und Benedikt gehört zur GenZ. Wie die gesellschaftlichen Entwicklungen wahrgenommen werden, hängt stark von vorherigen Prägungen und Lebenserfahrungen ab, weshalb wir uns dazu entschlossen haben, die Blickwinkel zweier Generationen aufzuzeigen. Dies soll die Unterschiede, aber auch die Gemeinsamkeiten im Verständnis von Leistung, Kommunikation, Demokratie, Integration, Verteidigung und Sicherheit untersuchen und aufzeigen.

Die Themen, auf die wir eingehen, sind nur kleine Ausschnitte einer größeren Entwicklung, zeigen aber: Der Kulturwandel in Deutschland ist real und in vollem Gange. Das Handeln unserer Gesellschaft und die Erkenntnisse, die uns Naturwissenschaft und Fakten aufweisen, gehen nicht immer miteinander konform. Unsere Technologie, unsere Wirtschaft, unsere Gesellschaft und unsere politische Landschaft werden von diesem Wandel geprägt und werden ihn weiter prägen.

Treibt uns ein übermoralisch gelebtes Demokratieverständnis in die globale Bedeutungslosigkeit? Welche Faktoren haben diesen Kulturwandel eingeleitet, begünstigt und sogar verstärkt? Was sind also die Ursachen, dass wir Deutschen anscheinend unsere Tugenden verloren haben oder uns sogar manchmal ihrer schämen?

Dieses Buch soll einen Versuch darstellen, den stattfindenden Wandel in seinen vier genannten Ausprägungen zu verstehen und die Herausforderungen, vor denen wir stehen, zu begreifen. Dazu möchten wir in den folgenden Kapiteln tiefgreifende Analysen anbieten, die nach dem „Warum" fragen und dabei auch die eine oder andere unangenehme Wahrheit ans Licht bringen.

Wir sind davon überzeugt, dass wir nur so die Herausforderungen besser verstehen und im Kontext des digitalen Zeitalters neu nutzen können. Dabei sehen wir keinen Widerspruch zwischen traditionellen Werten und gleichzeitig zukunftsorientiertem Handeln.

Wenn es uns gelingt, die anstehenden Probleme der Überbevölkerung, des Klimawandels und des Leidens der Menschen auf unserer Erde wieder durch Technik zu lösen, wie es die großen deutschen Erfinder und Unternehmer in der Vergangenheit getan haben, werden uns auch andere Nationen auf diesem Weg folgen und diese Technologien und sozialen Errungenschaften für sich nutzen.

Wenn wir aber meinen, die Welt ausschließlich durch bürokratische Überregulierungen und Restriktionen mit Bevormundungseffekten verbessern zu wollen, wird diese „übermoralische Verbotsstrategie" nicht zu einem neuen Exportschlager „Made in Germany".

Dazu sollte die notwendige Debatte wieder von „emotional – schwarz/weiß" zu „rational – sowohl als auch" geleitet werden. Und trotzdem möchten wir dabei die Kultur als Klebstoff der Gesellschaft nicht aus dem Auge verlieren. Denn am Ende scheitern wir möglicherweise nicht an unseren fachlich rationalen Möglichkeiten, sondern an unseren abhandengekommenen Werten und damit an uns selbst.

Sollte dieses Buch auch nur einer Person dabei helfen, einen Beitrag zu einer lösungsorientierten Debatte zu leisten, dann war es uns das Schreiben wert.

1

EINE GLOBALE VORBETRACHTUNG

Bevor wir in diesem Buch auf die Herausforderungen eingehen, vor denen Deutschland und Europa in den nächsten Jahren und Jahrzehnten stehen, war es uns wichtig, das globale Umfeld außerhalb Europas zu beleuchten, in dem sich Deutschland bewegen wird. Im Folgenden betrachten wir die globale Großwetterlage der nächsten Jahre, in der sich das „Schiff Deutschland" bewegen wird.

Aber nicht nur das deutsche Schiff, sondern alle Nationen werden sich mit dieser Wetterlage auseinandersetzen müssen. Wir werden herausarbeiten, welche Einflüsse unausweichlich auf uns einwirken und damit kaum beeinflussbar sind.

Zum anderen werden wir die Frage aufwerfen, wie sich Deutschland bisher im globalen Kontext bewegt hat und in Zukunft bewegen sollte, um nicht in die internationale Bedeutungslosigkeit abzurutschen. Wir werden also auch auf die beeinflussbaren, „hausgemachten" Themen eingehen und dann zu den Hausaufgaben kommen, die zu erledigen sind, damit Deutschland den Wiederaufstieg schafft.

Die Welt der Überbevölkerung

Die Entwicklung der Weltbevölkerung ist eines der zentralen Themen unserer Zeit und ein medial heikles Thema. Es wird seit vielen Jahren vernachlässigt und mit seinen Auswirkungen und künftigen Entwicklungen wenig bis gar nicht betrachtet. Seit Jahrhunderten wächst die Zahl der Menschen auf der Erde, und mit diesem Wachstum entstehen Chancen, aber auch erhebliche Herausforderungen. Insbesondere die Gefahr der Überbevölkerung ist ein globales Problem, das wirtschaftliche, ökologische und soziale Aspekte umfasst.

Die Weltbevölkerung ist im Laufe der Geschichte stetig gewachsen, jedoch in sehr unterschiedlichen Geschwindigkeiten. Vor der industriellen Revolution lebten relativ wenige Menschen auf der Erde, da hohe Geburtenraten durch hohe Sterblichkeitsraten ausgeglichen wurden.

Im Jahr 1800 wurde die Marke von einer Milliarde Menschen überschritten, was auf die verbesserte Landwirtschaft und medizinische Fortschritte zurückzuführen war. Die eigentliche Bevölkerungsexplosion begann jedoch erst im 20. Jahrhundert:

Innerhalb von nur 70 Jahren wuchs die Weltbevölkerung in den Jahren von 1950 bis 2020 von 2,5 auf etwa 8 Milliarden Menschen (siehe Abbildung 1.1).

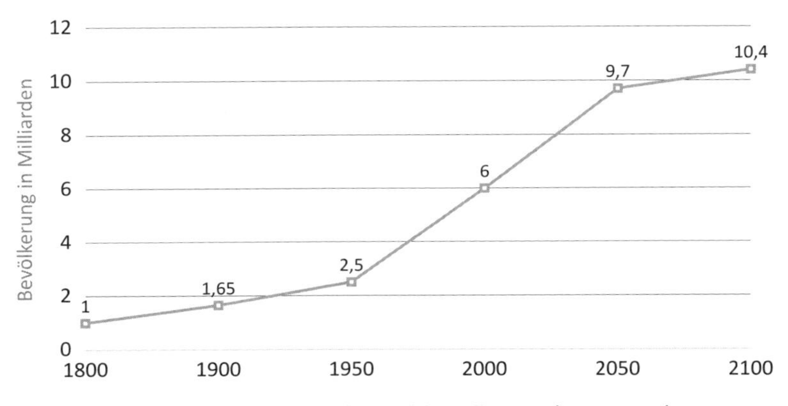

Abb. 1.1: Entwicklung der Weltbevölkerung (1800-2100); vgl. UN Population Division: *Maddison Project*

Dieser rasante Anstieg wurde vor allem durch weitere Fortschritte in der Medizin, verbesserte Hygienestandards, den Ersatz von schwerer körperlicher Arbeit durch Maschinen und die damit einhergehende höhere Lebenserwartung begünstigt.

In vielen Entwicklungsländern hat die Kombination aus hoher Geburtenrate und sinkender Sterblichkeit zu einem starken Bevölkerungswachstum geführt, während in Industrieländern die Geburtenraten oft unter das Reproduktionsniveau gefallen sind.

Das bedeutet mit anderen Worten, dass die Weltbevölkerung für das Erreichen der ersten Milliarde mehrere 10.000 Jahre benötigt hat, während die letzte Milliarde des Bevölkerungszuwachses, von sieben auf derzeit über acht Milliarden Menschen, innerhalb von nur zehn Jahren stattgefunden hat.

Wir möchten diese exponentielle Funktion des Weltbevölkerungswachstums einmal an einem erfundenen Beispiel verdeutlichen:

> Stellen Sie sich vor, Sie dürfen allein in ein Haus mit großem Garten und 300 m^2 Wohnfläche ziehen.
>
> Die einzige Bedingung des Vermieters ist, dass Sie jedes Jahr die doppelte Anzahl von Mitbewohnern aufnehmen, also im ersten Jahr zwei Personen, dann vier, dann acht, dann 16 und so weiter.
>
> Während Sie in den ersten Jahren wahrscheinlich noch sehr individuell und ohne klare Abläufe und Regeln frei leben können, wird es spätestens bei mehr als 16 Mitbewohnern zu Spannungen kommen. Vor allem dann, wenn Sie nicht ganz bestimmte Regelungen treffen und Ihre eigenen Individualitätsansprüche hinter die aller Bewohner stellen.
>
> Da bleibt die Frage, wie lange man diese Verdoppelung durchhält, bevor die Lage im Haus zwischenmenschlich eskaliert.

Wir möchten hier einen Zusammenhang zwischen dem quantitativen Bevölkerungswachstum und den damit einhergehenden qualitativen Einflüssen auf unser Leben herstellen.

Umso unerfreulicher ist die Tatsache, dass das Bevölkerungswachstum gerade in Regionen mit geringer Bildung und hoher Abhängigkeit junger Mädchen und Frauen von gesellschaftlichen und religiösen Zwängen am stärksten ist. Das quantitative Wachstum in diesen Regionen ist enorm, während die Lebensqualität gering bleibt.

Die neue Divergenz der Demografie

Dramatische regionale quantitative Verschiebungen von Bevölkerungswachstum und Bevölkerungsabnahme führen zu gänzlich unterschiedlichen Bevölkerungsdichten und gesellschaftlichen Herausforderungen.

Während der globale Norden mit seinen wirtschaftlichen Führungsmächten eher mit einer Überalterung seiner Bevölkerungen zu kämpfen hat, sind es die südlichen Länder, vordergründig Afrika, die in den nächsten Jahren für den Bevölkerungszuwachs auf unserem Planeten sorgen werden.

Während heute noch Asien über die Hälfte der Weltbevölkerung stellt, wird vor allem Afrika mit seiner jungen Bevölkerung - der Altersdurchschnitt liegt bei unter 18 Jahren - den Großteil des Bevölkerungszuwachses der nächsten Jahrzehnte ausmachen (siehe Abbildung 1.2).

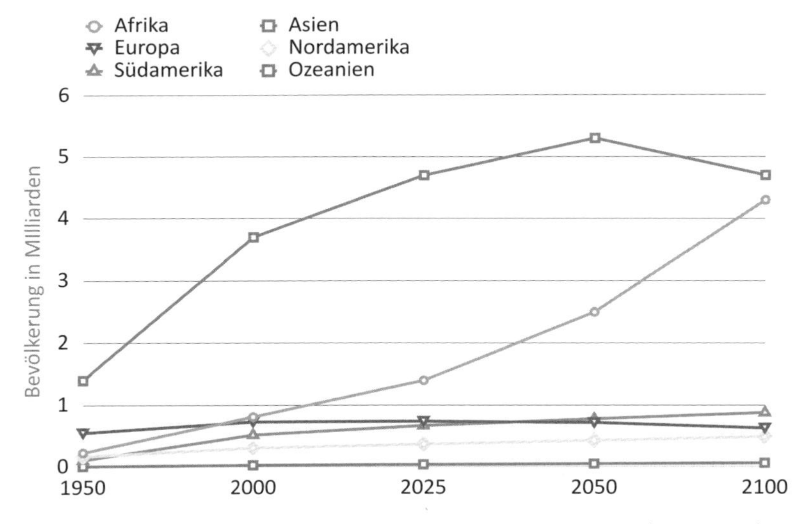

Abb. 1.2: Entwicklung der Weltbevölkerung nach Kontinenten (1950-2100); vgl. UN Population Division: *Maddison Project*

So hat zum Beispiel Niger heute ein Durchschnittsalter von 15,3 Jahren, während Japan mit 49 Jahren die älteste Bevölkerung eines Industrielandes stellt. Auch Deutschland mit einem Durchschnittsalter von 45,1 Jahren zählt im Durchschnitt zu den Ländern mit den ältesten Bevölkerungen (siehe 1.3).

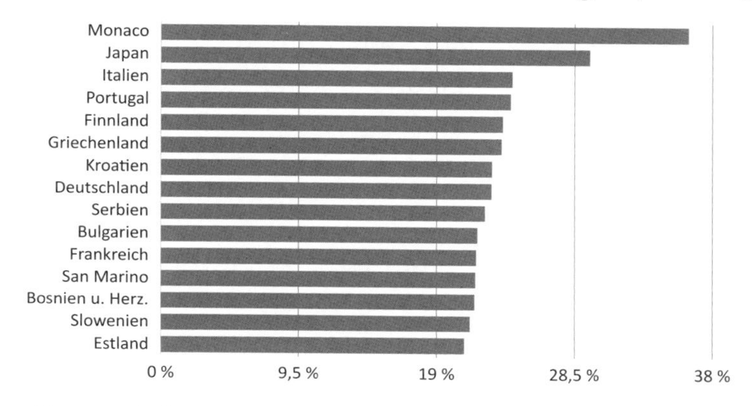

Abb. 1.3: Länder mit dem höchsten Bevölkerungsanteil über 65 Jahren; vgl. Statista: *Länder mit dem höchsten Bevölkerungsanteil über 65 (2023)*

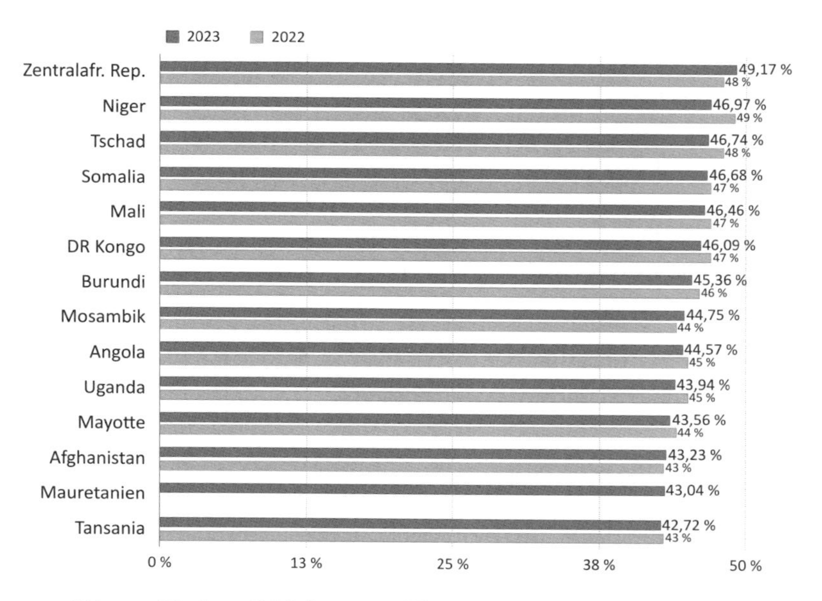

Abb. 1.4: Länder mit höchsten Bevölkerungsanteilen unter 15 Jahren; vgl. Statista: *Länder mit dem höchsten Bevölkerungsanteil unter 15 (2023)*

Dieses hochgradig exponentielle Bevölkerungswachstum wird oft bei der Betrachtung der tatsächlichen Ursachen für Umweltzerstörung, Klimawandel, Ressourcenknappheit und auch den zunehmenden sozialen Spannungen unseres Planeten unterschätzt. Und nicht nur das:

Auch der immer offenere Kampf um Ressourcen führt zu internationalen Konflikten und in seiner Konsequenz zu Kriegen um diese. Erst jüngst, noch vor dem Antritt als Präsident, hat Donald Trump deutlich gemacht, warum er Grönland für sich beanspruchen möchte.

Umgekehrt führen der Wohlstand, Altersvorsorge und ein gutes Bildungsniveau zu einer hohen Unabhängigkeit der Frauen, was wiederum zu sinkenden Geburtenraten führt. So sanken die Reproduktionsraten bestimmter Kulturen so stark, dass sie über kurz oder lang aussterben werden.

Die Fertilitätsrate[1]beschreibt die durchschnittliche Anzahl der Kinder, die eine Frau während ihres Lebens zur Welt bringt. Fällt die Fertilitätsrate unter das sogenannte Reproduktionsniveau, beginnt eine Gesellschaft zu schrumpfen und langfristig auszusterben.

Das statistische Reproduktionsniveau, welches ein Aussterben einer Kultur verhindert, liegt bei etwa 2,1 Kindern pro Frau. Leichte Variationen in verschiedenen Ländern und Regionen sind aufgrund verschiedener medizinischer Standards und Bevölkerungsgrößen gegeben.

---

[1]Als Fertilitätsrate wurde hier die zusammengefasste Geburtenziffer, oder auch Total Fertility Rate (TFR) genannt, herangezogen. Sie beschreibt die Anzahl an Kindern, die eine Frau gebären würde, wenn ihr Geburtenverhalten so wäre, wie das aller Frauen zwischen 15 und 49 Jahren im jeweils betrachteten Jahr. Es handelt sich dabei also eine fiktive Zahl, die aber das gegenwärtige, altersspezifische Geburtenverhalten abbildet.

Was passiert, wenn die Fertilitätsrate über längere Zeit unter 2,1 bleibt? Wenn das eintritt, hat es weitreichende Folgen für die jeweilige Gesellschaft. Der Wert von 2,1 ist die notwendige Schwelle, um eine Bevölkerung langfristig stabil zu halten.[1] Bleibt der Wert dauerhaft darunter, führt dies zunächst zu einer Schrumpfung der Bevölkerung, sofern keine Einwanderung stattfindet.

Die Anzahl der Geburten reicht nicht mehr aus, um die Zahl der Todesfälle auszugleichen, was in einem stetigen Rückgang der Bevölkerungsgröße resultiert. Zeitgleich kommt es zu einer Alterung der Gesellschaft, da der Anteil älterer Menschen im Vergleich zur jüngeren Bevölkerung zunimmt. Dies setzt soziale Sicherungssysteme wie Renten- und Gesundheitsversorgung unter erheblichen Druck. Die Auswirkungen dieses demografischen Wandels spüren wir im bevorstehenden Kollaps der deutschen Sozialsysteme.

Immer weniger Erwerbstätige müssen für die Versorgung einer wachsenden Zahl älterer Menschen aufkommen, was finanzielle und gesellschaftliche Herausforderungen mit sich bringt. Betrachtet man etwa die umlagefinanzierten Sozialsysteme in Deutschland, so waren es 1960 noch sechs Beitragszahler, die einen Rentner finanzierten. 2020 sind es dagegen nur noch durchschnittlich 1,8 Beitragszahler, die für einen Rentner aufkommen müssen, 2050 werden es sogar schätzungsweise nur 1,3 Beitragszahler pro Rentner sein.[2] Es reichen grundlegende Mathekenntnisse, um zu erkennen, dass dieses System nicht mehr funktioniert.

Ferner kann ein langfristiges Absinken der Geburtenrate den Verlust von Traditionen und kulturellem Erbe zur Folge haben. Gesellschaften, die stark schrumpfen, könnten Schwierigkeiten haben, ihre kulturelle Identität zu bewahren und wichtige

Traditionen an die nächste Generation weiterzugeben. Dieses kann die soziale Kohäsion und das Selbstverständnis einer Nation beeinträchtigen und sie spalten.

Ein Blick auf die Realität zeigt, dass viele Länder, vordergründig in Europa und Ostasien, bereits heute mit niedrigen Fertilitätsraten kämpfen. In Japan liegt diese bei etwa 1,3 Kindern pro Frau, während sie in Deutschland bei ungefähr bei 1,5 Kindern pro Frau stagniert. Besonders besorgniserregend ist die Situation in Südkorea, wo die Fertilitätsrate auf weniger als 1,0 Kinder pro Frau gefallen ist.

Diese Zahlen verdeutlichen die Herausforderungen, mit denen diese Länder konfrontiert sind, und zeigen die Dringlichkeit, langfristige, nationale Strategien zu entwickeln, um die demografische Entwicklung im eigenen Land zu stabilisieren.

Am Beispiel China kann man die Konsequenz einer Bevölkerungsabnahme erklären. Hier hat sich unser exemplarisches Haus nicht jedes Jahr verdoppelt, sondern mit jeder Generation halbiert:

Die Ein-Kind-Politik, die in China von 1979 bis 2015 galt, war eine Reaktion auf ein starkes Bevölkerungswachstum nach dem 2. Weltkrieg und hat tiefgreifende Auswirkungen auf die demografische und gesellschaftliche Struktur des Landes. Obwohl diese Politik erfolgreich das Bevölkerungswachstum begrenzte, sind die langfristigen Konsequenzen gravierend, insbesondere im Hinblick auf Chinas demokratische und gesellschaftliche Entwicklung.

> Man stelle sich also vor, dass zwei Einzelkinder wiederum ein Einzelkind haben, das ein Einzelkind der gleichen Generation aus einer anderen Familie des gleichen Typs hei-

ratet. Somit gibt es im Familienstammbaum nur noch den vertikalen Strang, aber keinen horizontalen – also keine Schwestern, Brüder, Tanten, Onkel, Cousins oder Cousinen. Wenn also die Eltern dieses Einzelkindes sterben, hat es keine Verwandten mehr, außer vielleicht Großeltern oder eigene Kinder.

Außerdem trägt dieses Einzelkind die alleinige Verantwortung für zwei Eltern und eben möglicherweise vier Großeltern.

Umgekehrt konzentrieren sich diese vier Großeltern und das Elternpaar ausschließlich auf ein Einzelkind. Nicht umsonst nennen die Shanghaier die Einzelkinder aus wohlhabenden Familien „Little Buddhas", weil sie vom Wohlstand verwöhnt werden.

Eine klassische Familie, wie wir sie kennen und wie sie für alle enorm wichtig ist, existiert also gar nicht mehr. Das ist die heutige Realität in China.

Weiterhin haben die geschlechtsselektiven Abtreibungen zu einem Männerüberschuss geführt, der in eine soziale Unzufriedenheit mündet, da die Männer in China große Schwierigkeiten haben, eine entsprechende Partnerin zu finden. Und nicht zuletzt wird China in einigen Jahren mit einer überalterten Bevölkerung umgehen müssen, in der dann neue Arbeits- und Fachkräfte fehlen. Somit muss auch China zwangsläufig auf qualifizierte Migration setzen, um seinen Wohlstand zu erhalten. Es bleibt abzuwarten, wie sich das auf die chinesische Kultur und die derzeitige restriktive Politik auswirkt.

Ziehen wir uns noch einmal ein zweites Beispiel heran und werfen einen Blick auf den afrikanischen Kontinent, um einen Vergleich zu China zu ziehen.

Es ist zwar unwahrscheinlich, dass Nigeria China zeitnah an Einwohnern übertreffen wird. Dennoch könnte Nigeria langfristig die Rolle des bevölkerungsreichsten Landes übernehmen. Der genaue Zeitpunkt hängt von demografischen Entwicklungen wie Geburtenraten, Sterberaten und Migration ab. Ein Blick auf die Prognosen verdeutlicht aber die möglichen Entwicklungen:

Nigeria hatte im Jahr 2024 eine Bevölkerung von etwa 223 Millionen Menschen, während China etwa 1,4 Milliarden Einwohner zählte. Laut den Vereinten Nationen wird Nigeria jedoch ein starkes Bevölkerungswachstum verzeichnen und bis 2050 voraussichtlich rund 400 Millionen Einwohner haben. Damit wird es bereits in wenigen Jahren nach Indien und China zum dritt-bevölkerungsreichsten Land der Welt aufsteigen.

Im Gegensatz dazu schrumpft Chinas Bevölkerung aufgrund niedriger Geburtenraten und einer alternden Gesellschaft. Prognosen zufolge wird Chinas Einwohnerzahl von derzeit 1,4 Milliarden auf etwa 770 Millionen im Jahr 2100 sinken. Unter diesen Annahmen könnte Nigeria China in der zweiten Hälfte des 21. Jahrhunderts, vermutlich zwischen 2080 und 2100, in der Bevölkerungszahl überholen.

Als Konsequenz der eingangs geschilderten Bevölkerungstendenzen werden wir auch weiterhin die Herausforderungen einer wachsenden Weltbevölkerung global zu meistern haben. Hinzu kommt, dass die extremen regionalen Verschiebungen sich weiter verschärfen werden.

Und so werden vor allem die Wohlstandsregionen mit einer schrumpfenden, überalterten Bevölkerung zu kämpfen haben, während der Anteil ärmerer Länder, deren Bevölkerung ein geringeres Bildungsniveau aufweist, überproportional wachsen wird. Somit wird der afrikanische Kontinent am Ende unseres Jahrhunderts möglicherweise schon der bevölkerungsreichste sein.

Wenn sich also demnächst dramatisch divergierende Alterspyramiden, mit Durchschnittsaltern von über 40 Jahren in der nördlichen und westlichen Hemisphäre und Kontinente wie Afrika mit einem Durchschnittsalter unter 18 Jahren diametral gegenüberstehen, muss man darauf dringend strategische Antworten parat haben. Welche geopolitischen Folgen das für uns alle haben kann, zeigt Abbildung 1.5. Wie bereits beschrieben, wird sich das quantitative Bevölkerungswachstum der nächsten Jahrzehnte regional sehr unterschiedlich entwickeln.

So kann es sein, dass sich der traditionelle Ost-West-Konflikt, den wir teilweise noch aus dem letzten Jahrhundert in die Gegenwart tragen, mehr und mehr zu einem Nord-Süd-Konflikt entwickelt.

Die Länder des geografischen Nordens und Ostens werden kaum noch wachsen, sondern eher schrumpfen. Die schon heute zu beobachtende Überalterung – in Europa, aber auch in Japan und Korea sind mehr als 50 % der Bevölkerung über 40 Jahre alt – wird die Gesundheits- und Rentensysteme dieser Länder vor enorme Herausforderungen stellen.

Selbst in China ist das Durchschnittsalter von 20 Jahren im Jahr 1978 auf 39 Jahre im Jahr 2023 angestiegen, was auf die Ein-Kind-Politik zurückzuführen ist. Im Jahr 2022 ist Chinas Bevölkerung zum ersten Mal seit den Sechzigerjahren geschrumpft.

Umgekehrt sind auf dem afrikanischen und südamerikanischen Kontinent 50 % der Bevölkerung unter 20 Jahre alt.

Dieser „junge Süden" wird sich also, wie oben beschrieben, explosionsartig entwickeln. Ob wir diese Entwicklung als Chance oder als Risiko begreifen, wird sich in den nächsten Jahrzehnten entscheiden.

Einerseits ist davon auszugehen, dass es weiterhin große Flüchtlingsströme in Richtung Norden geben wird, andererseits werden wir aufgrund des Bevölkerungsrückgangs auf qualifizierte Zuwanderung angewiesen sein.

Damit wird die Integrationsleistung eines Landes zu einem der wichtigsten Erfolgsfaktoren der Zukunft. Wir werden darauf im Kapitel *Integrationskultur* noch näher eingehen.

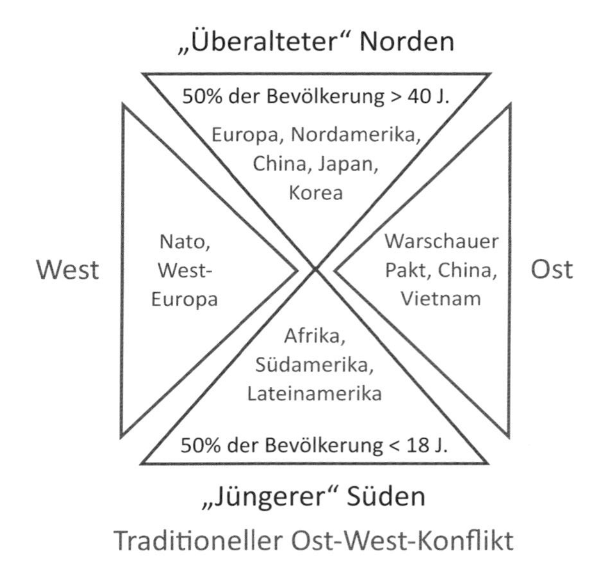

Abb. 1.5: Die neue Divergenz der Demografie

Eine weitere qualitative Verschiebung aus dem globalen Bevölkerungswachstum ergibt sich nicht nur zwischen Regionen oder Bildungsniveaus, sondern auch bei der Verschiebung von Religionen. Dabei ist die am schnellsten wachsende Religion der Islam, der bereits am Ende der nächsten Dekade das Christentum überholen könnte. Gefolgt werden diese Religionen von einem steigenden Anteil des Hinduismus.

Die Auswirkungen demografischer Veränderungen

Das exponentielle Bevölkerungswachstum der letzten Jahrzehnte, die Verschiebung der globalen Bevölkerungsdichte, die Altersunterschiede in verschiedenen Kulturen und Ländern – all dies hat enorme Auswirkungen auf unser gegenwärtiges und zukünftiges Leben auf der Erde.

Im Folgenden werden einige dieser Aspekte näher beleuchtet.

Klimawandel

Die Thematik der Bevölkerungszunahme auf unserem Planeten ist aber noch aus einem anderen Grund von relevanter Bedeutung: Sie bildet eine der wichtigsten Ursachen des Klimawandels. Der globale Klimawandel ist die drängendste Herausforderung unserer Zeit und keine, die eine Nation allein lösen wird. Die exponentielle Zunahme der gesamten Bevölkerung wird als Ursache in der öffentlichen Debatte jedoch nur schwach beleuchtet.

Während im Jahr 1950 noch 2,5 Milliarden Menschen mit einem durchschnittlichen CO_2-Ausstoß von 1,7 Tonnen pro Jahr und einer Lebenserwartung von 46 Jahren auf der Erde lebten, sind es heute 8,1 Milliarden Menschen mit einem durchschnittlichen CO_2-Ausstoß von 4,3 Tonnen pro Jahr und einer Lebenserwartung von 73,5 Jahren. Wir emittieren heute fast zehnmal so viel CO_2 pro Jahr in die Erdatmosphäre.

Wir wundern uns, dass sowohl in der Politik als auch in den Medien immer wieder der Klimawandel als Ursache vieler Probleme dargestellt wird, aber nicht der Frage nachgegangen wird, wo eigentlich die zentrale Ursache des Klimawandels liegt. Aus unserer Sicht ist der Klimawandel eine Folge des dringend zu thematisierenden Dreiklangs aus Bevölkerungswachstum, Wohlstand und Lebenserwartung.

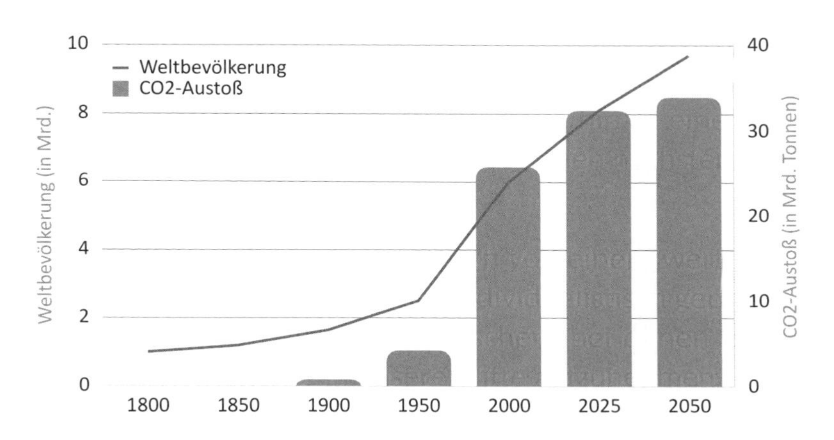

Abb. 1.6: Korrelation zwischen Weltbevölkerungswachstum und CO_2-Ausstoß (1800 – 2100); vgl. UN Population Division: *Global Carbon Project*

Im Jahr 1950 verursachte ein Mensch im Durchschnitt 78,2 Tonnen CO_2 über seinen gesamten Lebenszyklus, heute sind es 316 Tonnen. Seit 1950 hat sich also nicht nur die Weltbevölkerung mehr als verdreifacht, sondern im gleichen Zeitraum auch der CO_2-Ausstoß pro Kopf mehr als vervierfacht. Der gesamte CO_2-Ausstoß der Erde hat sich damit von 4,25 Milliarden Tonnen CO_2 im Jahr 1950 auf geschätzte 32,4 Milliarden Tonnen CO_2 im Jahr 2025 erhöht. Dies entspricht einem Faktor von mehr als 7,6.

Dieser drastische Anstieg ist nicht nur auf den industriellen Aufstieg von Schwellenländern wie China und Indien zurückzuführen, sondern auch auf eine weitere Verdoppelung der CO_2-Emissionen der USA zwischen 1950 und 2025.

Damit sind die USA mit Abstand der größte CO_2-Emittent mit 17 Tonnen CO_2 pro Kopf/Jahr gegenüber 9 Tonnen CO_2 pro Kopf/Jahr in Deutschland und 7,5 Tonnen CO_2 pro Kopf/Jahr in China.

Wir sehen: Die USA emittieren fast doppelt so viel CO_2 wie die anderen führenden Industrienationen, obwohl China in absoluten Zahlen für 31 % der weltweiten CO_2-Emissionen verantwortlich ist.

Während zumindest Deutschland seine CO_2-Emissionen pro Kopf seit 1950 reduzieren konnte, sind sie in den USA weiter angestiegen und sanken erst nach dem Jahr 2000 deutlich – fast 50 Jahre, nachdem Deutschland begonnen hatte, seine Emissionen zu reduzieren:

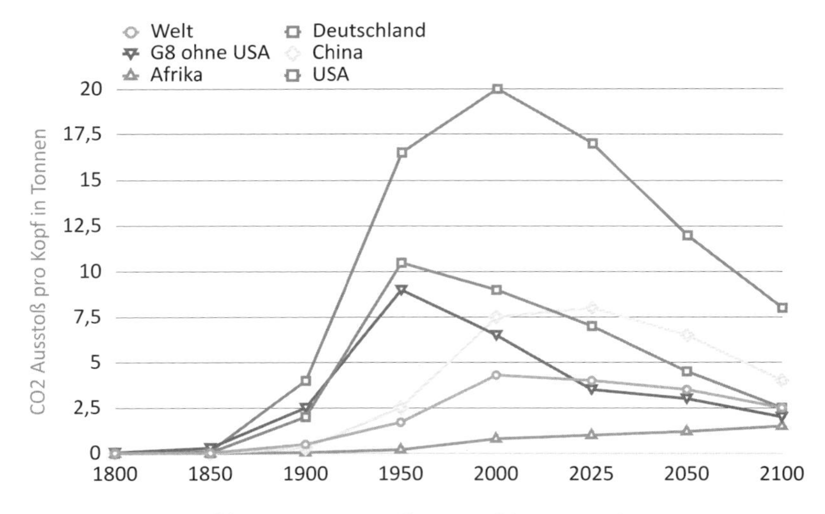

Abb. 1.7: CO_2-Ausstoß pro Kopf (1800-2100); vgl. UN Population Division: *Global Carbon Project*, *Our World in Data*

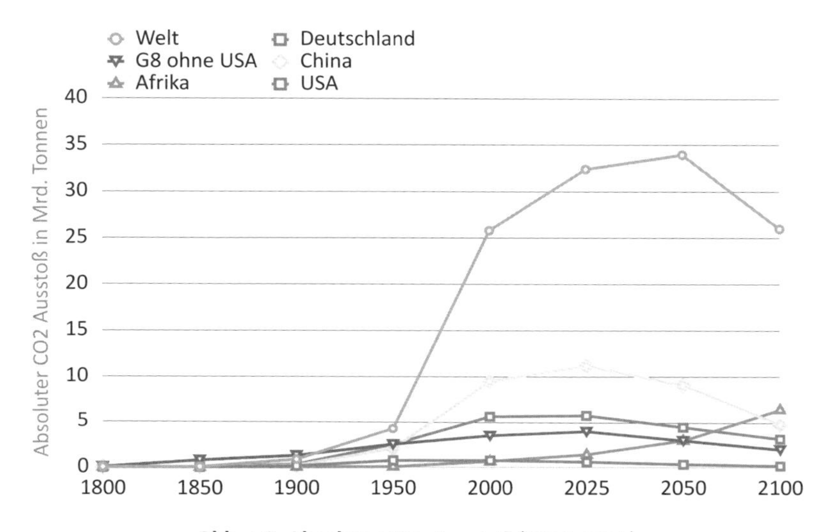

Abb. 1.8: Absoluter CO_2-Ausstoß (1800-2100);
vgl. UN Population Division: *Global Carbon Project*, *Our World in Data*, *IEA*

Leider zeigt diese Grafik auch die „positive Bedeutungslosigkeit" Deutschlands im globalen Kontext der CO_2-Emissionen. Auch wenn es uns gelingt, die CO_2-Emissionen um weitere 250 Millionen Tonnen bis zum Jahr 2050 zu senken, wird sich der globale CO_2-Ausstoß bis dahin noch einmal um ca. 1.500 Milliarden Tonnen pro Jahr erhöhen. Deutschland steht dann lediglich für 1 % des globalen CO_2-Ausstoßes.

Wolfgang Reitzle, Ex-Vorstandsvorsitzender und Aufsichtsratsvorsitzende der Linde AG, soll es mal in einem Gedankenbeispiel folgendermaßen formuliert haben:

Das wäre ein wenig so, als wenn Sie der Kapitän eines Tankerschiffes sind und feststellen, dass Sie am Bug ein Loch haben, welches 20 cm groß ist und Sie es nun mit viel Aufwand auf 10 cm reduzieren, während am Heck Ihres Tankers immer noch ein 10 m großes Loch klafft, welches sogar noch größer wird. Irgendwie ist es dann nicht verwunderlich, wenn ihr Tanker trotzdem untergeht.

Lassen Sie uns das noch einmal einordnen: Wir sind nicht gegen einen angemessenen Beitrag Deutschlands an der CO_2-Reduktion. Im Gegenteil plädieren wir sogar dafür, die notwendigen Technologien nicht nur zu erfinden, sondern global kommerziell so auszurollen, dass sie für andere Nationen erschwinglich sind und wir davon wirtschaftlich profitieren könnten.

Schließlich war Deutschland auch einmal bei der Entwicklung der Solar- und Windenergie führend, hat dann jedoch diese Technologien aus der Hand gegeben. Vielmehr wollten wir mit diesen Fakten und Daten veranschaulichen, dass der Klimawandel nun einmal ein globales Problem ist, welches auch nur global zu lösen ist.

Politiker, die überzeugt sind, diesen Lösungsansatz national oder regional lösen zu können, ohne attraktive, global anwendbare Technologien beizusteuern, werden an ihren alleinigen, einseitigen und dann auch alternativlosen Verboten scheitern.

Dabei könnte ein Lösungsansatz der Vorschlag der Weltbank sein, welche vorbringt, die über 70 verschiedenen CO_2-Bepreisungsmodelle in der Welt endlich auf globaler Ebene zu vereinheitlichen. Hierzu empfiehlt die Weltbank eine Bepreisung zwischen 50 und 100 Dollar pro Tonne CO_2, einheitlich und global bis 2030 umzusetzen, um die Pariser Klimaziele zu erreichen. Diese Klimaziele besagen, dass die Erderwärmung deutlich unter 2°C bleiben soll, idealerweise bei 1,5°C im Vergleich zur vorindustriellen Zeit.

Außerdem soll die Welt bis etwa 2050 klimaneutral werden (Netto-Null-Emissionen), um die Folgen des Klimawandels deutlich zu verringern. Dringend bedürfe es einer Harmonisierung nationaler oder regionaler CO_2-Bepreisungssysteme, um zu fairen globalen Wettbewerbsbedingungen zu kommen. Leider stehen die Aussichten, diesen Vorschlag in die Tat umzusetzen, nicht gut, da sich führenden CO_2-Emittenten, wie die USA und China diesem Modell voraussichtlich nicht anschließen werden.

Ein weiterer CO_2-Treiber wird der ungestillte, weiter wachsende Hunger nach Energie sein, der sich nicht nur, wie vorher beschrieben, in regionalen Unterschieden wiederfindet, sondern auch durch Digitalisierung, E-Mobilität und andere neue Technologien befeuert wird.

So ist der Strombedarf von Netflix heute so hoch wie der von ganz Island und die Bitcoin-Technologie allein generiert einen Strombedarf, der fast dem von Schweden und Portugal zusammen entspricht.[3]

China investiert, Afrika boomt. Deutschland steht nur am Bahnsteig

Es ist davon auszugehen, dass diese jungen aufstrebenden Nationen und Kontinente gänzlich neue Bedarfe und ein anderes Konsumverhalten an den Tag legen werden. So gehen wir davon aus, dass allein in den nächsten zehn Jahren voraussichtlich 100 Millionen neue Steckdosen in Afrika benötigt werden.

Wird aber Afrika seinen Strom so fördern und vernetzen, wie wir das getan haben, oder wird dort einfach eine Technologiegeneration übersprungen?

Ein Beispiel für ein derartiges Überspringen: In den Neunzigerjahren war es in Indien kaum möglich, Festnetztelefone in die bestehende Infrastruktur von Häusern und Städten einzubinden. Die entsprechenden Leitungen waren dort schlicht nicht vorhanden. Mit dem Aufkommen der Mobilfunknetze waren die indischen Verbraucher ohnehin nicht mehr an Festnetztelefonen interessiert, weshalb man direkt auf mobile Endgeräte „umsprang".

Das Gleiche erwarten wir nun in Afrika, wo es wohl keinen Sinn ergeben würde, ein klassisch deutsches Energie Grid System zu installieren, bei welchem in der Regel ein Stadtwerk eine gesamte Stadt versorgt. Vielmehr ist davon auszugehen, dass man gleich auf eine dezentrale Stromgenerierung über Photovoltaik oder Windenergie übergehen wird.

Die daraus resultierende Energie wird dann nicht mit einem klassischen Grid, sondern eher mit dezentralen Energiespeichern aufgefangen.

Weiterhin glauben wir nicht, dass der afrikanische Kontinent eine klassische Glasfaser-betriebene Internetstruktur aufbauen wird, sondern direkt auf eine satellitenbasierte übergeht. Das erklärt, warum Elon Musk mit seinem Unternehmen Starlink gerade massiv in Afrika investiert; mittlerweile ist Starlink in über 17 afrikanischen Ländern erreichbar.[4]

Diese Beispiele zeigen, dass in den aufstrebenden Ökonomien und den wachsenden Bevölkerungsregionen gigantische Bedarfe und Märkte entstehen, die aber sofort die neuesten Technologien, also „State of the Art Technologies", nachfragen werden.

Der deutsche Wohlstand der letzten 20 Jahre basierte aber genau auf der Fähigkeit, an neuen globalen Märkten teilzunehmen und Waren zu exportieren.

China fragte besonders zwischen 2000 und 2020 viele deutsche Produkte nach, bei denen wir eine globale Spitzenposition eingenommen hatten. Unsere Exporte nach China lagen seit dem Jahr 2000 durchschnittlich bei einem Wert von mehr als 7,2 Milliarden Dollar pro Monat.[5]

Denken Sie dabei an Automobile, den Anlagenbau, die chemische Industrie oder auch den deutschen Maschinenbau. Diese starken Produktpositionen brachten uns nicht nur gute Gewinne, sondern auch hohes Ansehen in China und anderen Exportmärkten ein.

Wir können nur hoffen, dass Afrika Deutschland und Europa bei seiner Technologisierung berücksichtigen wird, da sonst die Gefahr besteht, dass auch dieser „afrikanische Zug" ohne uns fahren wird – den Bahnhof hat er bereits verlassen.

Aber genau hier sehen wir die Probleme der deutschen und europäischen Wirtschaft, an diesen Märkten teilnehmen zu können. In den Jahren, in welchen wir uns zwar humanitär um Afrika gekümmert haben, sind bereits wesentliche chinesische Investitionen in die Infrastrukturen und andere systemrelevante Sektoren dieser Länder geflossen.

Im Zeitraum von 2007 bis 2020 haben chinesische Entwicklungsbanken 23 Milliarden Dollar für Infrastrukturprojekte in Subsahara-Afrika bereitgestellt. Das ist mehr als doppelt so viel wie die kombinierten Investitionen der USA, Deutschlands, Japans und Frankreichs in derselben Zeit.[6]

Im September 2024 kündigte Präsident Xi Jinping auf dem China-Afrika-Kooperationsforum (FOCAC) in Peking an, in den nächsten drei Jahren rund 51 Milliarden Dollar bereitzustellen und mindestens eine Million neue Jobs zu kreieren. Die finanziellen Mittel sollen insbesondere für den Ausbau von Infrastrukturprojekten und grünen Technologien verwendet werden.[7]

China hat damit bereits klare Abhängigkeiten und sich eine gute Ausgangsposition für die nächsten aufstrebenden Dekaden geschaffen.

Andererseits werden eben genau diese neuen Technologien im Bereich der Energiegewinnung und -speicherung, Digitalisierung und neuer Mobilitätsformen nachgefragt und bestehende Technologien übersprungen. Sollten Deutschland und Europa hier keine Technologieführerschaft einnehmen und sich behaupten können, sehen wir keinen Grund, warum diese aufstrebenden Märkte in der fortschreitenden Globalisierung und Machtverschiebung Deutschland berücksichtigen sollten.

Wie es trotzdem noch gelingen könnte, dass Deutschland hier zum Zug kommt, werden wir im Abschnitt *Wirtschaft* noch einmal genauer beleuchten.

Die Konsequenzen der neuen Demografie

Die Welt, in der wir gestern gelebt haben und heute leben, wird nicht mehr die Welt sein, in der wir morgen leben werden.

Eine Welt, in der wir zeitnah fast zehn Milliarden Menschen sein werden, die sich durch vollkommen unterschiedliche religiöse und regionale Entwicklungen weiter prägen wird, stellt uns alle vor unglaubliche Herausforderungen, die nur global koordiniert zum Erfolg führen werden.

Dabei wird es darauf ankommen, die Geburtenraten durch den Zugang zu Bildung für junge Mädchen und Frauen in den Schwellen- und Entwicklungsländern zu bremsen und sie mit vielseitigen Programmen zur Familienplanung zu flankieren, damit auch nachhaltige, generationenübergreifende Lösungen dieses Problems entstehen können.

Erst, wenn das eigene Kind keine wirtschaftliche Bedeutung für die eigene Altersabsicherung oder andere finanziell getriebene Faktoren mehr hat, wird es zum emotionalen Wunschkind. Diesen Zustand erreicht man durch ein geregeltes Einkommen, eine abgesicherte Rente oder Altersversorgung außerhalb der Familie durch ein hohes Bildungsniveau, besonders bei jungen Frauen.

Aber auch die entwickelten Industrienationen haben hier noch lange nicht ihre Hausaufgaben erledigt. Die geringen Geburtenraten in diesen Wohlstandsländern resultieren aus einer unzureichenden Unterstützung der Mütter, die sich heute immer noch zwischen einem beruflichen Erfolg und einer Familiengründung entscheiden müssen.

Möchten wir, als Industrienationen, unsere lange eigene Kultur bewahren und an zukünftige Generationen weitergeben, müssen wir zu höheren Geburten- und Fertilitätsraten kommen. Dieses wird aber in einer modernen Gesellschaft nur gelingen, wenn sie Unterstützungsmöglichkeiten für Mütter mit beruflicher Karriereplanung findet.

Wenn es uns nicht gelingt, mit den natürlichen Ressourcen, die uns noch verbleiben, nachhaltig und umweltschonend umzugehen, wird eine Welt mit über 10 Milliarden Menschen zwangsläufig im Chaos enden.

Da die Bevölkerungskonzentrationen in den Groß- und Megastädten weiter ansteigen werden, müssen diese neu gedacht und geplant werden, damit die urbanen Lebensräume lebenswert bleiben. Diese Planungen müssen auf die städtische Infrastruktur, aber auch auf den Wohnungsbau in einer neuen effizienten Form übertragen werden. Derzeit ziehen etwa täglich weltweit 180.000 Menschen vom Land in die Stadt.[8]

Die Entwicklung der Weltbevölkerung ist eine der größten Herausforderungen der modernen Welt. Während das Bevölkerungswachstum in der Vergangenheit oft mit Fortschritt und Wohlstand verbunden war, droht es heute, die Belastungsgrenzen unseres Planeten zu überschreiten.

Die Überbevölkerung erfordert daher entschlossenes Handeln auf lokaler, nationaler und globaler Ebene. Nur durch eine Kombination aus Bildung, nachhaltiger Entwicklung und internationaler Zusammenarbeit kann es gelingen, die Risiken zu minimieren und eine lebenswerte Zukunft für alle Menschen zu sichern.

Und trotzdem wird sich am Ende wieder die Frage stellen, ob wir unsere gewohnten individuellen, manchmal auch hedonistischen, Ansprüche aufrechterhalten können, wenn unsere exponentiell wachsende Bevölkerung das „Haus Erde" überfüllt und überfordert.

2

DIE TECHNOLOGISCHE TRANSFORMATION

Wir fragen uns oft, wo wir auf dem Weg aus unserer historisch geprägten technischen Kompetenz, mit all ihren hervorgebrachten Erfindungen, falsch abgebogen sind. Zugegeben, eine zynische Frage.

Persönlichkeiten wie Gottlieb Daimler, Robert Bosch, Rudolf Diesel, Werner von Siemens und viele weitere Mitglieder der technischen Elite haben Deutschland über Jahrhunderte den Wohlstand beschert. Dabei haben sie nicht nur revolutionäre Patente und Erfindungen angemeldet, sondern daraus auch Unternehmen geformt, die Deutschland für sehr lange Zeit unter die führenden Industrienationen gebracht haben.

Damals war das Ansehen dieser Menschen als Eliten und Führungspersönlichkeiten mit Respekt und Hochachtung versehen. Deutschland selbst wurde lange als Land der Dichter und Denker wahrgenommen. Eine Wahrnehmung, die zunehmend schwindet. Eine Neidkultur, wie sie erfolgreichen Gründern und Unternehmern heute entgegengebracht wird, war zu dieser Zeit gänzlich undenkbar.

Deutschland besaß im letzten Jahrhundert eine nie da gewesene Ingenieurskunst, vorrangig in den mechanischen, feinmechanischen, aber auch optischen Disziplinen, die uns selbst nach einem kompletten Wiederaufbau nach dem Zweiten Weltkrieg wieder an die Weltspitze gebracht haben. So wurde Deutschland aufgrund seiner technologischen Vorreiterrolle zur geachteten Exportnation.

Dabei spielten die Kosten nicht immer die wichtigste Rolle. Die hohe Produktivität, gepaart mit einer geballten Ingenieurskraft, ließ die Nachfrage für Produkte „Made in Germany" weltweit nach oben schnellen. Die konsequente Weiterentwicklung dieser Technologien führte in einigen Bereichen zu einer regelrechten Dominanz deutscher Firmen.

Spätestens seit 2017 änderte sich diese Wahrnehmung in der Öffentlichkeit und der breiten Bevölkerung drastisch. Auslöser waren die Verwicklungen des Volkswagen-Konzerns in illegale Abschalteinrichtungen bei der Harnstoffeinspritzung von Diesel-Pkws – kurz: Der Dieselskandal.

Hierzu eine kleine Erläuterung: Moderne Diesel-Pkw stoßen je nach Fahrweise und Motorisierung 100 – 150 g/km CO_2 aus. Benzinfahrzeuge ca. 120 – 180 g/km und E-Autos unter Einbezug des Strommixes in Deutschland ca. 50 – 100 g/km CO_2.[9] Rein faktisch betrachtet, gehören moderne Dieselfahrzeuge somit nicht zu den Fahrzeugen mit den höchsten Schadstoffausstößen.

Auch die schädlichen Stickstoff-Ausstöße können mit einer ausreichenden Harnstoffeinspritzung auf akzeptable Niveaus gebracht werden. Und genau hier hat VW betrogen. Nach diesem Betrug waren Dieselmotoren nicht mehr en voque und wurden gewissermaßen über Nacht zu einer alten, schmutzigen und verpönten Verbrennertechnologie. Ein Skandal, welcher der deutschen Automobilindustrie, dem deutschen Wirtschaftsstandort und der deutschen Ingenieurskunst nachhaltig geschadet hat.

Bis 2017 waren die deutsche Nation und ihre Automobilindustrie samt aller Zulieferer bei modernen und sauberen Dieseleinspritzsystemen absoluter Weltmarktführer. Diese Systeme sind durch ihre extrem hohen Einspritzdrücke feinmechanisch sehr herausfordernd – nicht nur entwicklungstechnisch, sondern auch in der Produktion hoher Stückzahlen.

Ungeachtet des Betrugsskandals von Volkswagen lassen sich mehrere technologische Phänomene aufzeigen, die dazu geführt haben, dass sich Deutschland im Abstieg befindet.

Von mechanisch anfassbar zu digital abstrakt

Im 19. Jahrhundert war Deutschland weltberühmt für seine mechanischen Meisterwerke wie die Erfindung der Dampfmaschine oder der mechanischen Webstühle. Besonders beeindruckend war die mechanische Präzision, mit der Unternehmen wie Siemens oder Bosch ihre Produkte herstellten. Der von Carl Benz entwickelte Verbrennungsmotor revolutionierte nicht nur den Fahrzeugbau, sondern war ein Symbol für die Ingenieurskunst, die auf Präzision und physischen Mechanismen basierte.

Technik, die im Alltag zu sehen und zu begreifen war. Ein Getriebe, ein Lager oder Zahnräder waren verständlicher technologischer Fortschritt. Jedermann konnte sie anschauen, anfassen, begreifen, was deren technische Funktion ist, und mit etwas Sachverstand war es sogar möglich, damit zu hantieren und zu arbeiten.

Mit dem Aufkommen der Elektronik und Informatik in der zweiten Hälfte des 20. Jahrhunderts vollzog sich ein Wandel. Deutsche Firmen wie Siemens und Zuse legten den Grundstein für die Digitalisierung, indem sie erste Computer entwickelten. Darunter fiel zum Beispiel die Z3 von Konrad Zuse im Jahr 1941, einem der weltweit ersten programmierbaren Rechner. Dieses System basierte zwar noch auf physischen Relais, war jedoch der erste Schritt von rein mechanischen zu digitalen Konzepten. Mechanische Komponenten wurden digital angesteuert - eine Entwicklung, die noch immer greifbar war.

Im aktuellen 21. Jahrhundert hat sich diese Technologie von physisch greifbar zu digital abstrakt weiterentwickelt. Die Industrie 4.0, welche aus Deutschland stammt und die Digitalisierung der Fertigungsindustrie beschreibt, bildete den Startpunkt. Unternehmen wie Bosch und SAP setzten auf Künstliche Intelligenz (KI) und Cloud-Computing, um Fertigungsprozesse zu optimieren. Maschinen werden nicht mehr mechanisch gesteuert, sondern über digitale Zwillinge und Algorithmen.

In der Automobilindustrie hat der Schritt vom mechanischen Verbrennungsmotor zu softwaregesteuerten Elektroautos, wie sie von Tesla, aber auch BMW und Volkswagen produziert werden, den Wandel zur digitalen Abstraktion besonders verdeutlicht. Viele entscheidende Komponenten, wie Elektromotoren, sind über diverse Modelle und Hersteller identisch. Das Automobil der Zukunft wird ein integriertes Softwarepaket mit Umgebungssensorik sein, welches autonom im Schwarm agiert. Dieser wird wiederum durch Software und KI gesteuert.

Daten und Künstliche Intelligenz sind das, was Technologie in der zweiten Hälfte des 21. Jahrhunderts prägen wird. Viele sprechen in Bezug auf Daten auch vom „Gold des 21. Jahrhunderts". Die Entwicklungen der letzten Jahrzehnte waren nur der Beginn auf dem Weg zu einer exponentiell wachsenden Digitalisierung und einer engeren Verflechtung mit Künstlicher Intelligenz (KI). Es sind abstrakte, datenbasierte Lösungen, die den Innovationsstandard setzen – ein Beleg dafür, dass Technologie schwerer verständlich wird.

Mechanische Systeme sind weitestgehend ausgereift. Doch sie hatten den Vorteil, dass Fortschritt verständlich und greifbar gemacht werden konnte. Das „Wie funktioniert etwas?" war bei hier sichtbar – bei digitalen Systemen nicht.

Aber wie sieht Deutschlands Rolle in diesem technologischen Wandel aus?

Deutschland als weltweiter Technologieführer hat sich in den vergangenen Jahrzehnten merklich verändert – von einem Vorreiter in mechanischer Ingenieurskunst zu einem Akteur, der sich im digitalen Zeitalter zunehmend Herausforderungen gegenübersieht.

Mit dem Übergang ins digitale Zeitalter und der Globalisierung hat sich das technologische Spielfeld radikal verändert. Länder wie die USA und China haben massiv in digitale Technologien investiert und sich einen Vorteil bei Künstlicher Intelligenz, Softwareentwicklung und Plattformtechnologien verschafft. Firmen wie Google, Apple, Alibaba und Huawei haben durch digitale Ökosysteme eine Dominanz erreicht, die deutsche Unternehmen wie Bosch oder Siemens nur schwer replizieren konnten.

Zwar gibt es in Deutschland Fortschritte, etwa durch Konzepte wie Industrie 4.0 oder den Erfolg von SAP im Bereich Unternehmenssoftware, doch der Rückstand in Schlüsselbereichen wie KI, Halbleitertechnologie und Cloud-Computing ist spürbar.

Bei der Entwicklung von zukunftsweisender Software tun wir uns schwer, was am Beispiel VW gut zu sehen ist.

Die VW-Softwaretochter Cariad scheitert bis heute daran, bevorstehende Serienanläufe pünktlich und qualitativ hochwertig zu meistern. Wohl auch deswegen hat sich der CEO Oliver Blume entschieden, die Software in China und den USA entwickeln zu lassen. Eine weitere Verlagerung von Schlüsseltechnologien unserer Wirtschaftszweige in den außereuropäischen Raum.

In einer zukünftigen Epoche des autonomen Fahrens wird das Auto mit großer Wahrscheinlichkeit softwaregetrieben sein. Diese Software wird die markenbildenden Unterschiede ausmachen. Man darf sich hier schon die Frage stellen, ob dann zukünftige deutsche Autos nur noch von amerikanischer und chinesischer Software „gelenkt“ werden.

Ein zentraler Grund für diesen Wandel liegt in Deutschlands Fokus auf den traditionellen Branchen, langsame Digitalisierung und ein konservatives Verhältnis zur Datennutzung. Während die USA früh auf Software- und Internetinnovationen setzten und China massive staatliche Förderung in digitale Infrastrukturen investierte, war Deutschland lange auf seine Stärke im Maschinenbau und der Automobilindustrie fixiert.

Debatten über Veränderungen wurden nur spärlich geführt. Der späte Einstieg in zukunftsweisende Technologien hat dazu geführt, dass Deutschland in Bereichen wie KI oder Elektromobilität oft nur reagiert, statt zu agieren.

Zwar bleibt Deutschland insbesondere durch seine Ingenieurskunst und einen starken, hoch spezialisierten Mittelstand ein nennenswerter Akteur, allerdings ist der technologische Rückstand in diesen so wichtigen Feldern kaum noch einzuholen. Bleibt also die Frage: Wie können wir diesen Entwicklungsrückstand wieder aufholen?

Dazu bedarf es massiver und mutiger Investitionen in neue, vielversprechende Zukunftsfelder.

Dabei sollten wir nicht den „Technologiezügen“ hinterherlaufen, die bereits ohne uns abgefahren sind, sondern auf der Basis unserer weiterhin guten Forschungs- und Entwicklungskompetenz neue Felder besetzen oder bestehende Technologien disruptiv überspringen. Wir werden unter *Ökonomie* nochmals auf diese Strategie detaillierter eingehen.

Von Technologieoffenheit zur Verbotskultur?

Statt neue Technologien entstehen und die Verbrauchermärkte darüber entscheiden zu lassen, welche davon sich durchsetzt, breitete sich in Deutschland eine Verbotskultur aus, die in seinen Debatten kein „sowohl als auch", sondern nur noch ein „schwarz oder weiß" kennt.

Verbote sind per se nichts Schlechtes – im Gegenteil: Regeln, Gesetzen, Einschränkungen und Verboten ermöglichen uns das Leben, welches wir als freiheitlich und grenzenlos beschreiben. Gänzlich ohne Regeln und Verbote wäre ein gesellschaftliches Zusammenleben in all seinen Ausprägungen nicht möglich. Verbote ergeben sich somit auch immer aus einem kulturellen Hintergrund und sind auf gesellschaftliche Akzeptanz angewiesen. Um ein diverses Zusammenleben zu ermöglichen, sind sie also unumgänglich.

Betrachtet man Verbote jedoch aus der technologischen Perspektive, so ist das als kritisch zu bewerten. Das Verbot oder der Zwang, eine bestimmte Technologie zu entwickeln, stehen im Gegensatz zu dem, was man in der Naturwissenschaft seit Jahrhunderten anstrebt: die Entwicklung der effizientesten und effektivsten Technologie unter Bedingungen der technischen Machbarkeit und Umsetzbarkeit. Und diese Betrachtung berücksichtigt nicht einmal die Auswirkungen auf einen Wirtschaftsstandort, Arbeitsplätze, Wohlstand oder globales Ansehen – sondern lediglich die naturwissenschaftliche Sinnhaftigkeit des Verbotes.

Ein tragisches Beispiel hierfür ist die Automobilindustrie:

Die EU hat in Brüssel beschlossen, Verbrennungsmotoren ab 2035 zu verbieten. Die Alternative, CO_2-Vorgaben zu machen oder Rahmenbedingungen zu schaffen, neue Technologien schnell, aber auch mit Sachverstand zu entwickeln, wurde verworfen.

Zugespitzt könnte man dem Brüsseler Parlament unterstellen, es halte sich selbst für die besseren Ingenieure. Und das, obwohl die Automobilindustrie in Europa über 3,1 Millionen Mitarbeiter mit mehreren hunderttausend Ingenieuren verfügt, welche über Dekaden bewiesen haben, wie man technologischen Fortschritt generiert.[10]

Betrachten wir in diesem Kontext noch einmal konkrete Werte, so zeigt sich: Ein durchschnittlicher Verbrennungsmotor stößt heutzutage ca. 122 g/km CO_2 aus (2020). Im Jahr 2000 lag dieser Wert noch bei ca. 172 g/km CO_2. Eine Reduktion um beinahe 30 %.[11] Die Entwicklung in Richtung einer umweltfreundlichen Mobilität ist also faktisch möglich – auch ohne Verbot einer spezifischen Technologie.

Die Wahrnehmung ist insbesondere im öffentlichen Raum jedoch eine andere. Dort gilt die Technologie des Verbrennungsmotors als veraltet, dreckig und rückständig. Und es ist auch vollkommen richtig, dass der Gesamtausstoß des Individualverkehrs gestiegen ist. Dies ist jedoch nicht auf eine „dreckige Technologie" zurückzuführen, sondern auf ein insgesamt gestiegenes Verkehrsaufkommen, höhere Fahrzeuggewichte und gestiegene Leistung der Kraftfahrzeuge.

Außerdem betrachtet die Politik oft nur den Teil der Wertschöpfungskette, der sich aus der reinen Nutzung des Autos ergibt. Betrachtet man jedoch die gesamte Wertschöpfungskette inklusive der Herstellung von Batteriezellen und den Quellen des Ladestroms, kommt man zu anderen Ergebnissen. Demnach könnte man immer noch um die 100.000 km mit einem Diesel fahren, um allein die Herstellung eines

E-Fahrzeuges auszugleichen. Erst danach kippt die CO_2-Bilanz zugunsten des rein elektrisch betriebenen Autos.[12] Natürlich hängen diese Werte stark vom Strommix bei der Ladung und der Herstellung des Fahrzeuges ab. Und die Reaktion der Industrie auf diese verzehrte Debattenkultur?

Durch den Betrugsskandal von VW, der zum Dieselskandal stilisiert wurde, zog man sich eher zurück, als sich offensiv gegen Brüssel zu stellen. Ein gesamter Industriezweig stand unter enorm medialem und gesellschaftlichem Druck und beugte sich letztendlich den Vorschriften aus Brüssel. Ein radikaler und plötzlicher Umschwung auf die E-Mobilität war das Resultat. Gepaart mit einem Wettlauf gegen die asiatische und amerikanische Konkurrenz.

Von den im Jahr 2023 weltweit verkauften neun Millionen E-Autos stammten ca. 36 % von asiatischen Herstellern (BYD, SAIC, Geely und GAC), ca. 20 % steuerte allein Tesla als amerikanischer Hersteller bei und gerade einmal ca. 8,5 % stammten von europäischen Herstellern (hauptsächlich Volkswagen Gruppe).[13]

Zu Spitzenzeiten verkauften allein die deutschen Hersteller VW, Mercedes und BMW mehr als 15 Millionen Pkw jährlich und erreichten damit einen Marktanteil von mehr als 25 %.[14] Zahlen, von denen die deutsche Industrie in jetzigen Zeiten nur noch träumen kann.

Weitere europäische Hersteller wie Renault (3,75 Millionen Pkw im Jahr 2019) wurden hierbei gar nicht berücksichtigt. Der Wettlauf wurde also verloren und der ausschlaggebende Punkt war eine öffentliche und mediale Stilisierung auf ein Narrativ des schlechten Verbrennungsmotors. Profiteure sind die Märkte in Asien und Amerika.

Blickt man in die Vergangenheit, so fällt auf, dass dies nicht das erste Mal ist, dass eine deutsche oder europäische Erfindung ihren Kommerzialisierungsweg zu einem Weltmarkt nicht hier, sondern in Asien findet. Wir erinnern uns an die Abwanderung der Textil-, Elektronik- oder Solarindustrie nach Asien.

Liegt es nur an den Kosten und der mittlerweile besseren Produktivität? Das sind mit Sicherheit ausschlaggebende Gründe, auf welche wir noch einmal gesondert in Kapitel *Die deutsche Wirtschaft am Scheideweg* eingehen werden. Jedoch sind diese Technologien bereits vor Jahren, teils Jahrzehnten, aus Deutschland abgewandert und wurden außerhalb Europas massenhaft skaliert.

Der entscheidende Grund liegt jedoch unverkennbar in dem Wandel in Deutschland von einer offenen Technologiekultur hin zu einer polemisierten Verbotskultur und eingeengten Debattenkultur. Es werden wenige Debatten über die tatsächlichen Fakten und die naturwissenschaftlichen Beschaffenheiten geführt. Vielmehr sind die Diskussionen geprägt von politischen und idealistischen Motiven, die dazu führen, dass die Errungenschaften günstig nach Asien oder Amerika verkauft und leichtsinnig abgegeben werden.

In unserem Leben begegnen wir vielen Menschen, die mit Begeisterung neue technologische Herausforderungen durch Erfindungen oder Verbesserungen meistern wollen. Doch zunehmend treffen wir auch auf jene, die angesichts wachsender Komplexität den inhaltlichen Diskurs verlassen und stattdessen in Polemik verfallen.

Andere wiederum sind von parteipolitischen Interessen geleitet und damit letztlich Gefangene ihrer eigenen Überzeugungen. In solchen Fällen treten idealistische Motive hinter naturwissenschaftlichen Grundsätzen zurück. Wir möchten diese Thematik mit einer kleinen, zugegebenermaßen frei erfundenen, Geschichte untermauern:

> Stellen Sie sich vor, Sie wären morgen der Verkehrssenator einer Stadt wie Berlin und würden sich fragen, wie der größte Fortschritt im Bereich Individualverkehr Ihrer Stadt aussehen könnte.
>
> Also lassen Sie sich entweder beraten oder gehen zu Ihrem klugen Chef, dem regierenden Bürgermeister, der Ihnen ein messbares Ziel setzt, weil er an Fakten glaubt und nicht an Polemik. Dieser kluge Bürgermeister gibt Ihnen als Zielvorgabe z. B. eine Verbesserung der Durchschnittsgeschwindigkeit des Individualverkehrs um 10 % bei einer gleichzeitigen CO_2-Reduktion von 25 %.
>
> Nun stehen Sie vor einem messbaren Ziel und fragen sich, wie Sie dieses erreichen können. Also holen Sie sich weitere kluge Köpfe dazu und beschließen, dass die Infrastruktur in der Stadt so modernisiert wird, dass sie situationsabhängig unterschiedliche Geschwindigkeiten zulässt: Etwa bei schlechtem Wetter oder dichtem Verkehr eine niedrigere und zu Zeiten mit geringerem Verkehrsaufkommen eine höhere Geschwindigkeit.
>
> Diese Infrastruktur ist intelligent und versteht, die entsprechenden Verkehrsverhältnisse zu lesen und umzusetzen. So wird es nie wieder passieren, dass Sie nachts um 2:00 Uhr an einer roten Ampel stehen, obwohl aus den Seiten oder der Gegenrichtung kein einziges Fahrzeug und kein Fußgänger kommt, denn eine solche Anlage schaltet sich nur an, wenn es notwendig ist.

Zeitgleich gestalten Sie die Infrastruktur so, dass ganze Straßenzüge und Distrikte so vernetzt werden, dass Sie ohne Zwischenstopps an den verschiedenen Ampelanlagen, sozusagen im „Flow“ durch die Stadt gleiten können.

Dadurch werden deutlich weniger Anfahr- und Bremsmomente erzeugt, die die Trägheit des Fahrzeugs überwinden müssen und die, ähnlich wie beim Start eines Flugzeugs, den meisten Kraftstoff und damit die meisten Emissionen verursachen.

Am Ende Ihrer Legislatur haben Sie das gesetzte Ziel erreicht, und plötzlich interessieren sich die Bürgermeister von Shanghai, Singapur oder Los Angeles für diese Lösung. Nicht nur das Ansehen und das Umweltimage Ihrer Stadt sind also gestiegen, sondern Sie können diese Lösung jetzt auch gewinnbringend exportieren.

Das Gedankenspiel zeigt in vereinfachter Form auf, wie man tatsächliche Herausforderungen mit faktenbasierten und naturwissenschaftlichen Ansätzen lösen könnte. Die Realität stellt sich jedoch anders dar:

Es wird parteipolitisch vorgegeben, die wesentlichen Straßenzüge in Ihrer Stadt mit einem 30 km/h-Schild zu bepflastern, ohne die Infrastruktur darauf abzustimmen. Vergleichbares lässt sich an zahlreichen Stellen in der Berliner Innenstadt feststellen. Die Folge: viel Frust im Individualverkehr.

Denn dadurch wurde nicht nur die Durchschnittsgeschwindigkeit heruntergedrückt, sondern auch die CO_2-Ausstöße erhöht.

Jetzt müssen Sie an jeder zweiten Ampel neu anfahren oder abbremsen und starten jedes Mal Ihr Fahrzeug von Neuem. Wie allgemein bekannt, werden hierbei die größten Schadstoffausstöße erreicht.

Ferner wird sich mit Sicherheit kein Bürgermeister dieser Welt für eine derartige „Verbotslösung" interessieren, also keine Chance auf ein „Made in Germany".

Vom Pionier zum Absteiger: Europäische Träume, asiatische Realität

Erste Anzeichen dafür, dass nicht nur die Produktion, sondern mittlerweile auch die Generierung von Know-how in andere Regionen verlagert wird, sind mit dem aktuellen Beispiel von Volkswagen und seiner Software-Tochter Cariad in jüngster Vergangenheit zu beobachten.

Wie rasant Technologien nicht nur übernommen, sondern auch optimiert und aus China heraus dominiert werden, lässt sich am Beispiel von Schnellbahnen und ihren Netzen beobachten:

In Vorbereitung auf die Olympischen Spiele 2008 begann China 2005, mit den Lizenzen von Siemens und Alstom, Hochgeschwindigkeitsstrecken als ein nationales strategisches Projekt auszubauen.

In nicht einmal 20 Jahren ist es China gelungen, das weltweit größte Schnellbahnnetz mit mittlerweile 46.000 km zu errichten[15] – im Vergleich zu ca. 11.000 km in ganz Europa und ca. 1.100 km in Deutschland, die bereits seit 1991 hier gebaut wurden.[16]

Das bedeutet: Während China sein Schnellbahnnetz im Durchschnitt um 2.300 km pro Jahr ausgebaut hat, waren es in Deutschland stolze 35 km pro Jahr. Wir beziehen uns hier auf die Netze, bei denen eine Geschwindigkeit von mehr als 250 km/h erzielt werden kann.

Zunächst importierte China den ICE und den TGV aus Europa, schaffte es jedoch schnell, deren Produktion ins eigene Land zu holen. Damit gelang ein Zugriff auf das Know-how von Siemens und Alstom, das dann rasant in die Produktion eigener Züge überführt wurde. Später wurden diese Züge wesentlich mit den Praxiserfahrungen aus den eigenen Netzen optimiert. Heute sind die Hochgeschwindigkeitszüge chinesischer Hersteller auf den Weltmärkten dominierend.

Umso überraschender war es, dass die EU aus ihrer eingeschränkten europäischen Sicht die angestrebte Fusion von Siemens und Alstom aus dem Jahr 2017 abgelehnt hat. Mittlerweile ist CRRC (China Railway Rolling Stock Corporation) doppelt so groß wie die Bahnbereiche von Siemens und Alstom zusammen. Damit erzielt CRRC über seine Skaleneffekte einen Wettbewerbsvorteil, der zu einem globalen Marktanteil von mittlerweile ca. 56 % (2022)[17] geführt hat.

Die Entwicklung dieser Technologien in China zeigt, wie erfolgreich deutsche und europäische Innovationen übernommen und in eigenständige, global konkurrenzfähige Produkte und Systeme verwandelt wurden. Der Weg Asiens war simpel, aber clever.

Die fehlende politische Entschlossenheit in Europa, Technologien zu exportieren und international zu kommerzialisieren, wurde eiskalt ausgenutzt. Vielversprechende Unternehmen und Technologien, die in den „Kinderschuhen“ steckten, wurden gekauft, in das eigene Land gelotst und letztendlich von dort aus exportiert.

Deutschland hat den Anschluss an die dominierenden Technologien verloren – und fährt eine eigene, andere Strategie als Asien in den 2000er Jahren:

Es wird versucht, globale Tech-Riesen, wie Tesla oder Intel, durch hohe Subventionen ins Land zu locken. Bricht man es herunter, wird jeder Arbeitsplatz mit einer siebenstelligen Summe aus Steuergeldern subventioniert.

Das führt im Umkehrschluss dazu, dass die entsprechenden Arbeitsplätze dem Mittelstand im Umkreis dieser neuen Standorte abgesaugt werden. Die großen Konzerne sind durch Steuergeld-Subventionen in der Lage, höhere Gehälter zu bezahlen und bessere Programme zur Altersvorsorge anzubieten als die mittelständischen Betriebe.

Infolgedessen verschärft sich der Fachkräftemangel bei den kleinen und mittelständischen Unternehmen zunehmend.

Es ist fraglich, ob dieses Handeln in die Rubrik sinnvoller Wirtschaftsplanung fällt. Immerhin wird politisch der Stolz auf den resilienten und einzigartigen deutschen Mittelstand zu jedem Zeitpunkt erwähnt. Im Gegenzug werden jedoch hochsubventionierte Maßnahmen vollzogen, die genau diesem Mittelstand schaden.

Ungeachtet der Stärke des deutschen Mittelstands gehören deutsche Unternehmen schon lange nicht mehr zu den wertvollsten der Welt. Wie bereits festgestellt, wird diese Spitzenposition heute von datengetriebenen Konzernen dominiert: Apple, Intel, Microsoft, Amazon und viele andere lassen grüßen. Dabei gibt es selbst in Europa Beispiele dafür, wie strukturelle Wandel gut umgesetzt wurden:

Gut zu sehen ist dies an der niederländischen Stadt Eindhoven, die im Jahr 2011 immer noch stark vom Untergang des Tech-Riesens Philips geprägt war.

Viele Menschen hatten ihren Job verloren, ganze Viertel waren heruntergekommen. Doch mit gezielter und cleverer Förderung von neuen Technologien entwickelte sich hier eine Start-up-Szene, die der Stadt wieder Leben einhauchte.

Nicht die großen Player wurden angezogen, sondern eine Vielzahl kleiner Unternehmen und Start-ups, die das Potenzial hatten, die Technologie der kommenden Jahrzehnte maßgeblich zu prägen. Dabei ist der Staat lediglich für das Notwendigste eingesprungen. So entstanden kleine und mittlere Unternehmen, aber auch ein Global Player, der heute aus der Chip-Industrie nicht mehr wegzudenken ist.

Mit seiner einzigartigen Technologie für Lithographie-Maschinen, die bis zu 300 Millionen Euro kosten können, hat es die ASML Holding, mit Sitz am Stadtrand von Eindhoven, unter die 50 wertvollsten Unternehmen der Welt geschafft und war zeitweise über 300 Milliarden Euro wert. Seit 2019 wird ASML an der Börse gehandelt – sehr zur Freude der Erstanleger, die ihr Investment seitdem schon um mehr als 300 % erhöhen konnten.

Die Frage bleibt, warum es solche Beispiele nicht in Deutschland gibt. Muss es erst zu einem Niedergang à la Philips kommen, damit sich wirklich etwas bewegt? Warum ist Deutschland nicht in der Lage, bei „anfassbaren" Technologien, selbst in den von uns Jahrzehnte lang beherrschten Industrien wie der Automobilindustrie, neue Technologiefelder zu besetzen und neue Global Player hervorzubringen?

Ein eindrucksvolles Beispiel aus China ist der Batterie-Gigant CATL, der vor 15 Jahren noch nicht existierte und heute mit einem Umsatz von über 50 Milliarden Euro zu den fünf größten Automobilzulieferern der Welt zählt.

Ja, natürlich hat der Staat auch hier geholfen. Aber wir subventionieren lieber ausländische Unternehmen mit Milliardenbeträgen, anstatt eine eigene Industrie, einen eigenen ASML, zu schaffen. Wie damit die Abhängigkeit von globalen Headquartern und Investoren, die nicht mehr in Deutschland sitzen, verringert werden soll, ist uns ein Rätsel.

Wie schlecht es ausgehen kann, wenn Politik mittels unkontrollierter Subventionen unbedingt eine bestimmte technologische Richtung vorgeben will, kann man deutlich am Beispiel Northvolt sehen:

Nach dem überstürzten Verbrennerverbot aus Brüssel wurde der EU erst im Nachhinein bewusst, welche industriepolitischen Konsequenzen das für Europa haben könnte. Schnell wurde klar, dass man sich mit der brachialen Einführung der E-Mobilität noch mehr in die Abhängigkeit von China und Asien begeben würde.

Schließlich gab es in Europa kein Produktions-Cluster, das Batteriezellen in großen Stückzahlen produzieren konnte. So kam die schwedische Firma Northvolt für den politischen Willen der EU zum rechten Zeitpunkt. In der Euphorie-Phase spielte Geld kaum eine Rolle. Schließlich konnte Northvolt bis dato fast 15 Milliarden Dollar Kapital von Investoren einsammeln.

Dabei wurden die Standorte im nordschwedischen Skellefteå und in der schleswig-holsteinischen Heide ausschließlich nach rein energietechnischen Gesichtspunkten ausgewählt. Der schwedische Standort liegt allerdings in der Nähe des Polarkreises und anscheinend war es nicht einfach, die entsprechenden Fachkräfte zu finden und die Fabrik rechtzeitig hochzufahren.

Außerdem ist Northvolt immer noch ein Start-up-Unternehmen, das noch keine Erfahrung mit der Massenproduktion von Batteriezellen hat, geschweige denn mit der erfolgreichen Skalierung einer kompletten Produktionsanlage in dieser Größenordnung.

Dennoch wollte man gleichzeitig Werke in Schweden, Deutschland und Kanada bauen. Das allein war aus unserer Perspektive viel zu vermessen und hätte nicht nur seitens der Politik, sondern auch von Northvolt Aufsichtsräten früher hinterfragt werden müssen.

Und so musste Northvolt schließlich im November 2024 in den USA Insolvenz nach Chapter 11 anmelden. Zum Zeitpunkt der Anmeldung hatte Northvolt Schulden in Höhe von 5,8 Milliarden Dollar und verfügte über weniger als 30 Millionen Dollar an liquiden Mitteln, ausreichend für weniger als eine Woche Betrieb.

Eine technologische Idee und der politische Wille reichen nicht aus, um eine Batteriezellenfabrik in die Massenproduktion zu überführen. Schon gar nicht, wenn man auf diesem Feld von chinesischem oder koreanischem Equipment abhängig ist und noch nie eine derartige Fabrik hochgefahren hat. Das hat dann wahrscheinlich auch BMW dazu bewegt, seine Aufträge zu stornieren, während sich der VW-Konzern als maßgeblicher Aktionär von Northvolt nun schwertut, seine Bestellungen abzuziehen.

Diese Situation dürfte auch den deutschen Politikern, allen voran dem damaligen Bundeskanzler Olaf Scholz und Bundeswirtschaftsminister Robert Habeck, nicht entgangen sein.

Warum sie dennoch Ende 2023, ein knappes Jahr vor der Insolvenz in den USA, der Kreditanstalt für Wiederaufbau (KfW) eine Bürgschaft über insgesamt 620 Millionen Dollar aus Steuergeldern gegeben haben, ist zumindest uns schleierhaft.

Wenn sie es schon selbst nicht besser wussten, hätten sie sich doch eine neutrale Einschätzung der Lage aus ihrem umfangreichen Beraterstab holen können? Vielleicht war es aber auch wichtiger, hier medienwirksam den „Spaten in die Erde zu stechen."

Trotz der geschilderten Schwierigkeiten und Fehlentscheidungen sehen wir nach wie vor genügend technologisches Know-how und Entfaltungspotenzial, um Deutschland wieder zu einem globalen Technologieführer zu machen. Einen Ansatz dafür sehen wir im bewährten rotierenden Leistungsdreieck.

Das rotierende Leistungsdreieck

Es waren deutsche Unternehmen, welche regelmäßig neue Pionierleistungen erbracht und diese bis zur Marktreife geführt haben. Die neuen Ideen wurden dann konsequent, meist über Premiumprodukte, in die Märkte eingeführt und später als markendifferenzierende Leistungen in Massenproduktionen millionenfach hergestellt.

Somit entwickelten sie sich von einer Pionierleistung zu einer Schlüsselleistung, die immer noch differenzierenden Charakter hatte und sich nunmehr in den Volumensegmenten durchgesetzt hat. Derartige Schlüsselleistungen haben zu konsequenten Auslastungen der Produzenten, auch an den deutschen Standorten, geführt.

Jahre später wurde diese Leistung zum Standard und entsprechend kostengünstig nachgeahmt oder angeboten. Mit dem umfangreichen Durchsetzen einer Technologie, die als Standard vom Kunden erwartet wird und nicht mehr markendifferenzierend wirkt, wurde es daraufhin schwieriger, diese Technologien kostengünstig am deutschen Standort zu produzieren. In der Industrie sprach man von einer „Commodity".

Dieses sich drehende Dreieck, bestehend aus Pionier-, Schlüssel- und Standardleistung, hat in Deutschland in den vergangenen Jahrzehnten immer wieder funktioniert, solange am Ende des Commodity-Zyklus genügend neue Pionierleistungen generiert werden konnten. Das setzt allerdings voraus, dass immer wieder neue Innovationen in die Märkte, insbesondere in die weniger preissensiblen Premiummärkte gelangen.

Dieses rotierende Dreieck wollen wir an einem Beispiel näher erklären:

> Das Airbag-System wurde bereits 1951 vom deutschen Erfinder Walter Linderer als Patent angemeldet.
>
> Nach verschiedenen späteren ähnlichen Anmeldungen in den USA und ersten Versuchen, Airbags in den Siebzigerjahren in Neuwagen einzubauen, konnte sich das Airbag als wirkliche Pionierleistung erst 1981 mit der Einführung in der Mercedes-S-Klasse durchsetzen.
>
> Damit hatte Mercedes damals ein echtes Alleinstellungsmerkmal, das erst Jahre später von Volvo und anderen Herstellern übernommen wurde. Parallel dazu entstanden immer neue Anwendungen des Airbags im Seiten-, Knie- und auch im Heckbereich des Fahrzeugs.
>
> Mit der Zeit zogen alle Hersteller nach und trotzdem galt der Airbag immer noch als Premiumprodukt mit Differenzierungscharakter. Heutzutage handelt es sich hierbei um einen vollkommen normalen Standard in jedem Pkw (Stichwort Standardleistung). Das bedeutet mit anderen Worten: Ein Autohersteller kann sich heute nicht mehr über das Feature Airbag differenzieren.
>
> Jahrzehntelang ist es aber der Autoindustrie gelungen, weitere Applikationen des Airbags zu entwickeln, die wiederum zu Anwendungen außerhalb der Automobilindustrie geführt haben.
>
> Damit konnte Deutschland für lange Zeit mit dieser Technologie Wertschöpfung generieren.

Wenn sich die Innovationspipeline aber nicht mehr füllt, besteht die Gefahr, dass sich im Lebenszyklus immer mehr Commoditys ansammeln, die in Deutschland nicht mehr wettbewerbsfähig produziert werden können.

Die Folge ist der Verlust von Wertschöpfung am Standort Deutschland. Wir haben den Eindruck, dass Deutschland hier im letzten Jahrzehnt nicht nur an Produktivität in den Schlüsselleistungen verloren hat, sondern auch nicht mehr dazu in der Lage ist, die Innovationspipeline mit genügend neuen Pionierleistungen zu füllen. Dies könnte in Zukunft fatale Folgen für den Standort Deutschland als „Hochlohnland" haben.

Betrachten wir die Zahl der Patentanmeldungen in Deutschland. Diese stieg bis zum Jahr 2018 kontinuierlich auf einen Höchststand von ca. 68.000 Anmeldungen pro Jahr. Leider sank dieser Wert ebenso kontinuierlich auf ca. 58.500 Patente im Jahr 2023.[18]

Dramatischer ist jedoch die Entwicklung in Europa insgesamt. Hier entwickelten sich die Anmeldungen von ca. 348.000 (2018) Patenten auf ca. 199.000 im Jahr 2023.[19]

Zur Einordnung: Im Jahr 2023 reichte China über 1,6 Millionen Patentanmeldungen ein – ein neuer Rekord in der Wirtschaftsgeschichte des Landes. Allein der Batteriehersteller CATL steuerte fast 10.000 Patente bei.[20]

Neben diesem rotierenden Leistungsdreieck zeigen wir im folgenden Kapitel weitere notwendige Wege auf, um Deutschland wieder im globalen Wettbewerbsumfeld erfolgversprechend zu positionieren.

3

DIE DEUTSCHE WIRTSCHAFT AM SCHEIDEWEG

Was prägt die deutsche Wirtschaft?

Deutschland war und ist ökonomisch betrachtet eine industriell geprägte Wirtschaft. Die Industriequote, also der Anteil des produzierenden Gewerbes an der gesamten Wirtschaftsleistung eines Landes oder einer Region, ist in Deutschland traditionell hoch. Die Industrieleistung am Bruttosozialprodukt lag 2023 bei 20,4 % – im EU-Vergleich ein hoher Wert. Der Durchschnitt der EU-Staaten liegt bei 16,7 %.[21]

Deindustrialisierung und Umweltschutz machen unserer Industrie jedoch zu schaffen. 1991 lag die deutsche Industriequote noch bei ca. 29,7 %[22] – mittlerweile ist sie rückläufig.

Um diese Stärke mal in einen Vergleich zu setzen: Die USA haben eine Industriequote von 7,8 % (2023).[23] Eine der wenigen Dinge, wofür uns unsere amerikanischen Freunde wohl bewundern – der deutsche Anteil spricht für sich.

Die Auswirkungen der Deindustrialisierung spüren besonders unsere kleinen und mittelständischen Unternehmen. Rund 99 % aller Unternehmen in Deutschland gehören zum Mittelstand und stellen damit ca. 55 % der Arbeitsplätze.[24]

Die Wichtigkeit für den deutschen Wirtschaftsstandort ist also enorm. Viele dieser Betriebe sind in industriellen Sektoren wie Maschinenbau, Elektrotechnik oder Chemie tätig. Branchen, die traditionell auch die Stärke des deutschen Exports ausmachen und maßgeblich zu den „Übergewinnen" der letzten Jahre beigetragen haben.

Hinzu kommt, dass der Mittelstand oft stark in seinen jeweiligen Regionen verwurzelt ist. Diese lokale Verankerung fördert industrielle Netzwerke und Cluster, die Synergien schaffen und die wirtschaftliche Basis hauptsächlich in Bundesländern wie Baden-Württemberg und Bayern stärken.

Durch ihre Flexibilität und Anpassungsfähigkeit können Mittelständler schneller auf Marktveränderungen reagieren als große Konzerne – ein entscheidender Vorteil in dynamischen und spezialisierten Industriezweigen.

Eine weitere, die deutsche Wirtschaft prägende Besonderheit müssen wir noch hervorheben: die sogenannten Hidden Champions. Diese Unternehmen, die in ihren Nischen weltweit führend sind, zeichnen sich durch innovative und hoch spezialisierte Lösungen aus. Deutschland hat im globalen Vergleich die mit Abstand höchste Konzentration solcher Firmen, die vordergründig für ihre Expertise und ihren Innovationsgeist geschätzt werden. Ein Resultat jahrzehntelanger Technologieoffenheit, Gründergeist und Ingenieurskunst.

Mehr als 1.600 Hidden Champions kamen 2020 aus Deutschland. Damit stellen wir weltweit mehr als die Hälfte von diesen knapp 3.400 hoch spezialisierten Firmen.[25]

Die Exportquote der deutschen Wirtschaft und besonders der Hidden Champions war eine der höchsten der Welt, was uns den Ruf des „Exportweltmeisters" eingebracht hat. 2023 lag der Exportanteil von Waren und Dienstleistungen bei 43,4 % – im Jahr zuvor noch bei 45,8 %.[26] Am Ende spiegelt die Exportquote einer Wirtschaft auch die Leistungsfähigkeit auf den globalen Märkten wider und bescherte Deutschland jahrzehntelang den Wohlstand.

Aber genau wegen dieser Vorteile besteht nun die große Gefahr, das Rückgrat der deutschen Industrie – also den Mittelstand – zu gefährden, indem es mit Überbürokratisierung und Regulierung überhäuft und somit in seiner weiteren Entwicklung gehemmt wird. Auch der derzeitige Fachkräftemangel setzt besonders dem weltweit so einzigartigen deutschen Mittelstand zu.

Die Entkopplung vom Standort Deutschland

Die Produktivitätsentwicklung ist wohl die ehrlichste und beste Kennzahl, um Fortschritt zu bewerten.

Diese ständigen Produktivitätssteigerungen kamen nicht immer nur aus dem direkten Produktionsbereich, sondern auch aus den indirekten Bereichen, wie beispielsweise der Verwaltung. Schon seit Jahren sind hier keine wesentlichen Fortschritte mehr erzielt worden.

Von 1997 bis 2007 stieg die Produktivität in Deutschland um durchschnittlich 1,6 % jährlich. In den nachfolgenden Jahren, von 2012 bis 2019, halbierte sich das Wachstum auf durchschnittlich 0,8 %[27] jährlich. Steigen Produktivität und Wohlstandsanspruch einer Gesellschaft gleichermaßen, ist das kein Problem. Stagniert die Produktivitätsentwicklung, der Wohlstandsanspruch aber nicht, führt dies zu spannungsreichen Konflikten, da letzterer trotz einer verringerten Wertschöpfung bedient werden muss.

Das liegt aber nicht nur an den gesteigerten Lohnkosten im Verhältnis zu ihrer Effektivität, sondern auch an einem ständig wachsenden regulierungsbedingten Overhead. So benötigen Unternehmen beispielsweise in Deutschland mittlerweile durchschnittlich 218 Stunden pro Jahr für die Erfüllung steuerlicher Pflichten. Zum Vergleich: In der Schweiz sind es 63 Stunden.[28]

Dieser Zeitaufwand deutscher Unternehmen resultiert aus einer zunehmenden deutschen und europäischen Regulierung und einer ausufernden Bürokratisierung. Dabei werden die Unternehmen nicht nur wiederholt mit neuen Gesetzgebungen überworfen, sondern sehen sich auch einem ausufernden Staat gegenübergestellt, der immer mehr dazu neigt, aus seiner eigentlichen Förderungsrolle in eine Überwachungsrolle zu schlüpfen. So kann es dann passieren, dass neue Industrieansiedlungen weit über 10.000 Seiten Genehmigungsanträge oder Verfahren generieren und überstehen müssen, um am Standort Deutschland eine Fabrik in Betrieb zu nehmen.

Dabei müssen die Betroffenen teilweise dreistufige Genehmigungsverfahren über sich ergehen lassen. Was dann das Bundesland nicht genehmigen kann, wird auf Bundesebene noch einmal überprüft, bevor es dann im schlimmsten Fall über Brüssel reguliert wird.

Es ist also dringend erforderlich, dass Großprojekte wie Bahnhöfe, Flughäfen oder Industrieansiedlungen nur noch eine Gerichtsbarkeit und eine zentrale Behörde haben, die diese Projekte begleitet. Während der Energiekrise gelang es uns, unter Druck Gasterminals vor der deutschen Küste schnell zu genehmigen und zu bauen.

Vielleicht wäre es fair, wenn wir neben der Produktivitätsentwicklung unserer Wirtschaft auch die unserer Politik erheben würden. Doch es wäre zu einfach, alles nur auf die Politik in Berlin oder Brüssel zu schieben. Auch die Manager der Industrie haben sich lange in „sicheren und marktdominanten Häfen“ gewogen.

Dabei waren die Erfolge, selbst in den guten Jahren vor und nach der Lehman-Brothers-Krise, nicht immer einer besonders guten Leistung geschuldet, sondern auch von billiger russischer Energie und Überprofiten aus China geprägt.

Dazu haben sicherlich auch nicht die Jahre der Niedrigzinsen beigetragen, in denen sich Unternehmen „billiges Geld“ vom

Markt holen konnten, das ihnen sogar manchmal hinterhergetragen wurde.

Würde man diese „Entlastungen" aus den Bilanzen deutscher Konzerne für diese Jahre herausrechnen, wäre vielleicht schon früher etwas vom Glanz abgebröckelt und die Finanzergebnisse wären nicht mehr so herausragend gewesen, dass es für Boni und Dividenden im Überfluss gereicht hätte.

Vielleicht hätten wir dann schon früher unsere „Unternehmensschiffe" wetterfest und damit unabhängiger gemacht. Dass jetzt aber genau zeitgleich alle diese Effekte durch den Ukraine-Krieg und ein immer selbstbewussteres, hauptsächlich sich selbst entwickelndes China, wegbrechen, macht die Misere besonders deutlich.

Außerdem lässt sich in der deutschen Wirtschaft ein weiterer Aspekt der Globalisierung erkennen. Wir nennen ihn die „Entkopplung globaler Großkonzerne von ihren Standorten".

Trotz aller Schwierigkeiten der deutschen Wirtschaft ist der DAX auf Rekordniveau von über 20.000 Punkten gestiegen. Die deutlich regional fokussierten Indizes MDAX und SDAX konnten sich nicht entwickeln und waren im gleichen Zeitraum sogar leicht rückläufig.

Abbildung 3.1 verdeutlicht diese Entwicklungen des DAX, MDAX und SDAX:

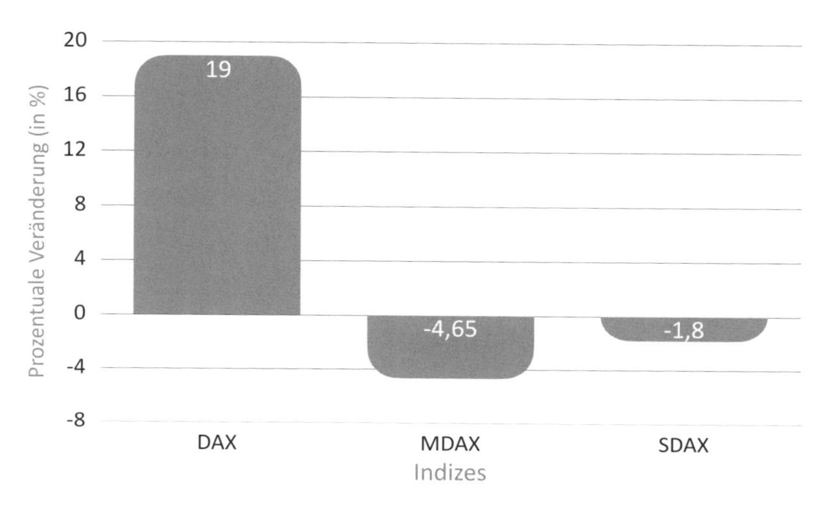

Abb. 3.1: Entwicklung DAX, MDAX, SDAX im Jahr 2024;
vgl. IT Times: *Deutscher Aktienmarkt 2024*

Wie deutsch agieren die Unternehmen im DAX also noch?

Es scheint, dass die global agierenden Konzerne, die sich rechtzeitig von ihrem deutschen Heimatstandort abgekoppelt haben, eher zu den Gewinnern gehören, während Unternehmen wie Volkswagen, die noch stark in Deutschland verwurzelt sind, an der Börse abgestraft wurden.

Das ist ein dramatisches Warnsignal für den Standort Deutschland, denn wenn selbst vermeintlich deutsche Konzerne immer mehr Wertschöpfungsketten ins Ausland verlegen, entkoppeln sie sich möglicherweise eines Tages vollends vom Wirtschaftsstandort Deutschland. Umgekehrt gehen aber die Investitionen ausländischer Konzerne in Deutschland seit Jahren kontinuierlich zurück.

Weiterhin ist die Frage zu stellen, wie deutsch die DAX-Konzerne in ihrer Aktionärsstruktur eigentlich noch sind. Wenn ein Vorstand ständig mit den Interessenlagen arabischer, chinesischer oder US-amerikanischer Aktionäre konfrontiert wird, verändert sich natürlich auch hier einmal seine geostrategische Ausrichtung.

Beispielsweise weist die Aktionärsstruktur der Mercedes-Benz Group AG eine international breit gestreute Eigentümerbasis auf. Die BAIC Group (China) hält 9,98 % der Stimmrechte, während der Geely-Gründer Li Shufu über seine Investmentgesellschaft Tenaciou3 Prospect Investment Limited (China) 9,69 % der Anteile kontrolliert. Überdies hält die Kuwait Investment Authority 5,57 % der Stimmrechte, was die Beteiligung staatlicher und strategischer Investoren am Unternehmen unterstreicht.

Außerdem ist die amerikanische Beteiligungsgesellschaft Black Rock mit 5,22 % beteiligt (Stand 31.12.2024).[29]

Deutschland muss deshalb als Standort wieder attraktiver werden. Dazu müssen aber gerade Faktoren wie eine gute, auch digitale, Infrastruktur, besser ausgebildete Fachkräfte und Ingenieure, eine handlungsfähige und stabile Regierung, verlässliche Rechtssicherheit und eine hervorragende Produktivität, die die hohen Löhne und Steuern rechtfertigt, wieder „auf Kurs" gebracht werden.

Denn Deutschland wird bei Standort- und Investitionsentscheidungen großer internationaler Konzerne nicht nur im europäischen, sondern auch im globalen Kontext verglichen. Diese Faktoren wieder in Ordnung zu bringen, muss daher auch die Aufgabe und Strategie einer guten Regierung und des gesamten Staatsapparates sein.

Sonst besteht die Gefahr, dass auch diese „Investitionszüge" an uns vorbeifahren. Die dramatischen Folgen für künftige Generationen, verbunden mit dem Abstieg in die Bedeutungslosigkeit, möchte man sich gar nicht ausmalen.

Aber auch eine neue Führungskultur, gepaart mit echter strategischer Weitsicht des Vorstands, die kritisch hinterfragt und nicht nur vom Aufsichtsrat abgenickt wird, muss wieder Einzug in die Chefetagen deutscher Unternehmen halten.

Dabei darf es dann auch aus Sicht der Aktionäre nicht immer nur um das nächste Quartal und die Jahresdividende gehen. Vielmehr müssen nachhaltige Strategien entwickelt werden, die vorrangig immer wieder das bestehende Geschäftsmodell auf seine Zukunftsfähigkeit hinterfragen und auf den Prüfstand stellen.

„Shift & Lift“ – Investitionsstrategien

Um wieder an internationaler Bedeutung zu gewinnen und sich auch für Investoren interessant zu machen, benötigen deutsche Firmen, wie es McKinsey in seiner Studie „Wachstumswende Deutschland“ ausdrückt, eine „Shift & Lift-Strategie“ für neue Investitionen.[30]

Shift-Strategie

„Shift“-Investitionen stehen für neue dynamische Zukunftsfelder, in die sich deutsche Unternehmen wieder zurückkämpfen sollten. Dazu zählen etwa die Gesundheitsversorgung, Batterietechnologie oder auch die Materialwissenschaften. Hier gibt es vorhandenes Know-how und langfristige Möglichkeiten, wieder globale Marktführerschaften zu erzielen.

Dabei ist aber auch die deutsche Regierung gefragt, die hemmende Bürokratie zurückzufahren und gezielter, optimale Rahmenbedingungen in diesen dynamischen Zukunftsfeldern zu schaffen und zu fördern, sodass sich unterschiedliche Technologie-Cluster entwickeln können. Hierbei handelt es sich um ein weiteres bemerkenswertes Phänomen im Silicon Valley, in Boston und in New York. So lassen sich in Boston beispielsweise die neuesten Entwicklungen in der Robotik bestaunen. Im Silicon Valley und an der Ostküste der USA lässt sich eindrucksvoll beobachten, wie technologiegetriebene Cluster mit enormen finanziellen Mitteln entstehen – gefördert durch Universitäten, private Investoren und staatliche Unterstützung.

Daher überrascht es kaum, dass in den USA 116 Start-ups auf 10.000 Einwohner kommen, während es in Deutschland nur

24 sind. Zudem liegt der Venture-Capital-Anteil am Bruttoinlandsprodukt in den USA achtmal höher als in Deutschland. Das bedeutet, dass Start-ups mit innovativen Technologien dort nicht nur einfacher und unbürokratischer gegründet werden, sondern auch auf deutlich mehr mutiges Risikokapital für ihr Wachstum treffen.

Deutschland benötigt dringend eine nationale Strategie zur Förderung von „Deep-Tech“ und zukunftsweisenden Technologien. Die bisherigen Ansätze haben offenbar nicht den erhofften Erfolg gebracht. Vielleicht liegt die größte Chance in den Bereichen, in denen Deutschland noch über starkes Know-how verfügt – die jedoch in den kommenden Jahren digitalisiert und mit KI angereichert werden müssen. Besonders der Maschinen- und Anlagenbau bietet enormes Potenzial: Durch digitale und KI-basierte Lösungen könnte hier eine erhebliche zusätzliche Wertschöpfung entstehen. Der richtige Zeitpunkt für gezielte Investitionen ist jetzt.

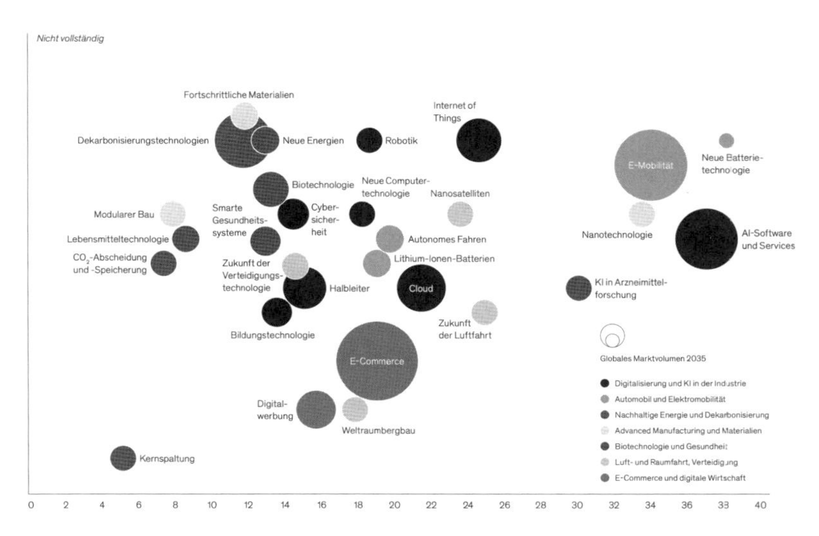

Abb. 3.2: Mögliche Zukunftsfelder Deutschland; vgl. McKinsey: *Globale Wachstumsdynamik*

So entstehen hierzulande derzeit vordergründig Unternehmen wie Gorillas, doch es fehlt an einem förderlichen Umfeld für strategisch und technologisch bedeutsame Start-ups. Das liegt nicht nur an einer fehlenden staatlichen Förderstrategie, sondern auch an den begleitenden Finanzstrukturen.

Dennoch wird manchmal kopflos alles gefördert, was in die politische Agenda passt, anstatt eine klare Technologiestrategie zu entwickeln und diese konsequent mit der dafür richtigen Infrastruktur und Förderlandschaft zu beleben.

Wir sind davon überzeugt, dass zukünftige, vernetzte Technologien aber genau diese Umfeldstruktur benötigen. Nur so entstehen Technologie-Cluster, wie wir sie an der Ost- und Westküste der USA, in Tel Aviv oder in Shenzhen bestaunen dürfen.

Machen Sie bei Ihrem nächsten Besuch in New York einen Abstecher nach Roosevelt Island. Nicht nur wegen des schönen Blicks auf die Skyline von Manhattan, sondern auch, weil die früher eher einsame Insel im East River mit dem Denkmal von Theodor Roosevelt gänzlich neu und zweckmäßig gestaltet wurde.

Heute befindet sich dort ein hochmoderner Campus, der von der Cornell University initiiert wurde, die zusammen mit ihren Partnern und Sponsoren über drei Milliarden Dollar in den Bau investiert hat. Inzwischen haben sich dort mehrere hundert Start-ups aus aller Welt angesiedelt, die hier mit viel Unterstützung ihre Technologien weiterentwickeln und im Erfolgsfall Investoren finden können.

Auch erstaunlich, wie viele deutsche Start-up-Unternehmer aus dem Technologiebereich dort anzutreffen sind – alle mittels Steuergeldern an deutschen Universitäten hervorragend ausgebildet. Sobald sich in einem Bereich ein führendes Unternehmen etabliert, zieht es die besten Fachkräfte magnetisch an. Ein eindrucksvolles Beispiel ist Boston Dynamics, das maßgeblich zur Entstehung eines Robotik-Clusters beigetragen hat.

In Kombination mit einer starken universitären Infrastruktur, die Start-ups entweder unterstützt oder direkt hervorbringt, entsteht so ein fruchtbarer Nährboden für Innovation – und damit eine stetige Bündelung von Know-how auf höchstem Niveau. So ist es kein Zufall, dass natürlich auch in Harvard und am MIT die Robotics einen wichtigen Schwerpunkt bildet.

Mathias blickt zurück

Ich hatte hier einmal die Gelegenheit, mit einem jungen deutschen „Überflieger-Professor" zu sprechen und ihn zu fragen, warum er nicht in Deutschland weiter geforscht und gelehrt hat.

Seine Antwort kam schnell und klar: Hier in Harvard könne er morgens eine Idee für einen humanoiden Roboter haben, seine Kollegen aus anderen Disziplinen wie Biomechanik oder Medizin anschreiben und schon sitze er beim Mittagessen mit ihnen zusammen, um das Projekt zu diskutieren. Auch für die ersten Tests der Anwendungen nutze er die externe Umgebung.

In Deutschland würde es Monate dauern, nur die Professoren der anderen Disziplinen zusammenzubringen, geschweige denn das Projekt umzusetzen und zu finanzieren.

Dabei gibt es auch in Deutschland erste gute Ansätze, wie die Vernetzung der Technischen Universität München mit dem Campus „UnternehmerTUM“.

Gerade von dieser Vernetzung zwischen Industrie und Hochschulen, die in Deutschland lange verpönt war, müssen wichtige Impulse für Pionierleistungen ausgehen. Auch hier haben andere Länder, wie z. B. die USA, bereits in den Neunzigerjahren deutlich mehr Vernetzung betrieben.

Gerade wenn es um die Erweiterung bestehender Produkte durch Software oder Digitalisierung geht, hat sich das als erfolgreiches Mittel zur Generierung neuer Innovationen erwiesen.

Es zeigt sich: Eindeutig fehlen uns diese Technologie-Cluster in strategisch wichtigen Zukunftsfeldern und der Mut, daraus neue Unternehmen entstehen zu lassen, auch auf die Gefahren, dass das eine oder andere Start-up scheitern wird.

Mathias blickt zurück

Diese „Kultur des Scheiterns“ ist mir auch bei meinem Besuch in Tel Aviv im Jahr 2019 aufgefallen, wo die jungen Talente es als gänzlich normal ansehen, dass sich unter ihnen viele Persönlichkeiten befinden, die bereits mit einem Start-up gescheitert sind. Im Gegenteil: Wer hier kein Start-up versucht hat, gehört in den Augen der jungen Tech-Szene in Tel Aviv zu den „langweiligen Durchschnittstypen“.

Es braucht wieder den Mut und die Courage deutscher Führungskräfte, trotz aller Widerstände in strategische Zukunftsfelder zu investieren.

Diese Investitionen werden sich möglicherweise nicht immer kurzfristig rentieren, bilden aber den Grundstein für den mittel- und langfristigen Fortbestand der Unternehmen.

Lift-Strategie

Bei den „Lift"-Investitionen liegt der Fokus auf der Steigerung der Produktivität, welche dringend am Standort Deutschland verbessert werden muss. So liegt Deutschland bei der Generierung des Bruttoinlandsproduktes pro Stunde 30 % unter dem Niveau der USA und führender europäischer Vergleichsländer. Hinzu kommt, dass wir Deutschen im Durchschnitt pro Jahr 450 Stunden weniger arbeiten als die Amerikaner und 600 Stunden weniger als die Südkoreaner.

Bei der beruflichen Mobilität belegt Deutschland Platz 18 von 38 OECD-Ländern. Bei durchschnittlich 20 % höheren Arbeitskosten im OECD-Vergleich und doppelt so hohen Energiekosten wie in Frankreich und den USA ist es somit auch nicht verwunderlich, dass Deutschland in nicht einmal zehn Jahren von Platz zehn auf Platz 24 im IMD Competitiveness-Ranking abgerutscht ist. Dieses Ranking vergleicht die Wettbewerbsfähigkeit verschiedener Länder und ist somit ein wichtiger Indikator für internationale Investoren.[31]

Es gilt also dringend, die „Lift"-Investitionen durch den Einsatz von Automatisierung, Robotics, KI, und generell Digitalisierung so voranzutreiben, dass schlankere Prozesse mit einer deutlich höheren Produktivität im Unternehmen umgesetzt werden können.

Dazu gehören aber auch optimierte Lieferketten, gut ausgebildete Fachkräfte, die ein lebenslanges Lernen akzeptieren und, nach McKinsey, vor allem auch die Rückkehr zur Kultur der operativen Exzellenz. Diese operative Exzellenz, wie sie Deutschland einmal besessen hat, muss nicht nur in der Produktion, sondern wieder in allen Bereichen des Unternehmens Einkehr finden und alle Instrumente der modernen Produktivitätssteigerung einbeziehen.

Deutschland war nie ein „Billiglohnland", sondern hat sich viel mehr über seine Premiumprodukte und seine operative Exzellenz im internationalen Vergleich durchgesetzt. Es scheint, als sei dieser Anspruch teilweise verblasst – oder andere Nationen hätten im Vergleich zu Deutschland deutlich aufgeholt.

Dennoch bleibt die Chance, wieder aufzuschließen. Entscheidend ist, dass wir uns auf unsere Stärken besinnen und vor allem den Ehrgeiz zurückgewinnen, nach dem Prinzip „Das Beste oder nichts" (Mercedes-Benz) Spitzenleistungen zu liefern.

Dafür braucht es einen Weckruf – sowohl aus der Politik als auch von Unternehmern – der die Dringlichkeit dieser Anstrengung unmissverständlich verdeutlicht. Denn „anstrengungsloser Wohlstand" wird auch für Deutschland nicht existieren. Mit zunehmendem Wohlstand scheint jedoch oft der Wille zur Eigenverantwortung zu schwinden – eine Entwicklung, der wir entschlossen entgegenwirken müssen.

Das Dilemma der Aufsichtsräte

Die deutschen Kapitalgesellschaften werden von einem sogenannten „Two-Tier-System" geprägt. Das bedeutet, dass der Aufsichtsrat ausschließlich aus externen Kapitalvertretern sowie – sofern Mitbestimmung greift – aus Arbeitnehmervertretern besteht.

Dies wird ab einer bestimmten Größe der Kapitalgesellschaft gesetzlich vorgeschrieben. Ab 500 Mitarbeitern stellen die Arbeitnehmer ein Drittel des Aufsichtsrates, bei über 2.000 Mitarbeitern sind es 50 %, womit ein paritätisch besetzter Aufsichtsrat entsteht.

Außerdem besteht seit 2001 für börsennotierte und paritätisch mitbestimmte Unternehmen eine Pflicht zur weiblichen Mindestbeteiligung in einer Höhe von je 30 % im Aufsichtsrat.

Mit diesen Regelungen wollte man erreichen, dass der Aufsichtsrat professionell, unabhängig, divers und im Interesse aller Beteiligten agiert. Der Aufsichtsrat kontrolliert dann wiederum den Vorstand oder die Geschäftsführung, die in einem separaten Gremium die Exekutive des Unternehmens bestimmen.

In vielen Ländern, wie den USA oder China, werden Kapitalgesellschaften über ein sogenanntes „One-Tier-System" geführt. Dieses Board kann sowohl aus im Unternehmen tätigen Vorständen oder Geschäftsführern (Executives), als auch aus nicht im Unternehmen arbeitenden Board-Mitgliedern (Non Executives) bestehen. Sie alle sitzen gemeinschaftlich in einem Board, eine Trennung zwischen Kontrolle und Exekutive gibt es nicht.

Beide Systeme haben ihre Vor- und Nachteile. Dennoch bleibt es bemerkenswert, dass selbst in großen deutschen Unternehmen die Aufsichtsräte nicht immer so professionell besetzt sind, dass sie den Vorstand bei seiner strategischen Neuausrichtung zugleich beratend und kontrollierend unterstützen können – gewissermaßen als Sparringspartner auf Augenhöhe.

In den vergangenen Jahren wurde der Eindruck erweckt, dass unter den neuen Gesetzen so manches Mal die Diversität den Vorrang vor Professionalität erhalten hat oder eine „hippe" Besetzung mit „trendigen" Persönlichkeiten im Vordergrund stand.

Ferner ist festzustellen, dass in deutschen Aufsichtsräten auch viele „Multi-Aufsichtsräte" oder auch Vorstände anderer großer Unternehmen sitzen, die neben ihrer Aufsichtsratsfunktion noch einen „Fulltime-Job" in der eigenen Exekutive haben. Offiziell scheint diese Strategie der Vernetzung zu dienen.

Es ist aber zu bezweifeln, dass jemand, der als Vorstand ohnehin schon stark belastet ist, dieser Rolle gerecht werden kann, wenn er zeitgleich noch in mehreren anderen großen Aufsichtsräten seine Rolle als oben beschriebener Sparringspartner wahrnehmen muss.

Interessant wird es auch dann, wenn Politiker, die teilweise aus völlig anderen Disziplinen wie z. B. Kultusministerien kommen, eine Rolle als Aufsichtsräte ausfüllen wollen. Hier sehen wir keine Qualifikation, einem gestandenen Vorstand auf Augenhöhe zu begegnen, geschweige denn, ihn bei der strategisch notwendigen Neuausrichtung zu fordern.

Aber auch auf der Arbeitnehmerseite gibt es diverse Konstellationen, in denen nicht nur interne Mitarbeiter, sondern auch weit entfernte Gewerkschaftsfunktionäre als Multi-Aufsichtsräte installiert werden.

Wir haben den Eindruck, dass die „Deutschland AG“ in der Digitalisierung und der Integration Künstlicher Intelligenz oder datenbasierter Strategien auch deshalb global ins Hintertreffen geraten ist, weil entscheidende strategische Impulse aus den Aufsichtsräten ausgeblieben sind. Sie waren dazu schlicht nicht in der Lage, weil ihnen oft diese Kompetenz fehlte.

Übrigens lässt in diesem Zusammenhang auch die Zusammensetzung mancher öffentlich-rechtlichen Sender wie ARD und ZDF aufhorchen.

Laut Gesetz sollen die Rundfunkräte pluralistisch zusammengesetzt sein, also einen Querschnitt unserer Gesellschaft widerspiegeln. Tatsächlich sind aber in vielen Rundfunkräten über 30 % Politiker vertreten. Wie dies die Interessen einer breiten deutschen Gesellschaft repräsentieren soll, erschließt sich uns nicht.

Netzwerk vs. Hierarchie: Die Integration der agilen Organisation

Ein weiterer hausgemachter Grund, warum deutsche und europäische Unternehmen zunehmend Schwierigkeiten haben, sich global zu behaupten, liegt in ihrer langen Dominanz auf klassischen Märkten. Jahrzehntelanges Wachstum hat hierarchische Strukturen und starre Organisationsformen gefestigt – ein Erbe, das heute ihre Agilität und Anpassungsfähigkeit hemmt. Dies war erfolgreich, solange sich die Marktbedingungen nur stetig und kontinuierlich entwickelt haben.

In Märkten mit schnellen Lebenszyklen und disruptiven Technologiesprüngen ist eine rein hierarchische Organisation nicht mehr optimal. Vielmehr kommen neue Player mit agilen Strukturen auf den Markt und fordern etablierte Unternehmen heraus.

Widmen wir uns hierzu kurz einem Gedankenspiel:

> Stellen Sie sich vor, Sie gründen mit zwei anderen Partnern ein Start-up-Unternehmen. Sie sind schnell erfolgreich und stellen Mitarbeiter ein. Ihre Organisation ist anfangs sehr flexibel und schnell, da jeder fast alles machen kann und alle einander vertreten.
>
> Sie organisieren sich als Netzwerk von Gleichgesinnten, die das gleiche Ziel verfolgen. Hierarchien gibt es noch nicht. Dafür geht es in der Firma manchmal etwas unorganisiert zu.
>
> Eines Tages ist das Unternehmen so erfolgreich, dass es ein erstes Produkt oder eine erste Dienstleistung erfolgreich am Markt verkauft. Dieses Produkt muss nun her-

gestellt werden. Das geht nur mit straffen Prozessen und Abläufen. Das Unternehmen muss sich also neu organisieren und es entsteht eine Hierarchie. Je erfolgreicher Ihr Produkt wird, desto größer wird Ihre Hierarchie, denn schließlich müssen Sie sehr produktiv bleiben, um sich gegen die Konkurrenz durchzusetzen, die nun Ihr Produkt imitieren oder sogar verbessern will. Zusätzlich müssen Sie nun auch diverse Kunden und verschiedene Regionen managen.

Jahrzehnte später haben Sie erfolgreich einen Konzern oder ein großes mittelständisches Unternehmen aufgebaut, das sogar die Marktführerschaft innehat. Diese gilt es nun zu verteidigen. Sie werden immer effizienter und produktiver, bleiben aber in Ihren Hierarchien gefangen.

Die anfangs vorherrschende Netzwerkstruktur ist längst aus dem Unternehmen verdrängt worden und existiert nicht mehr. Stattdessen gibt es eine regionale, produkt- bzw. kundenorientierte und „hierarchiegetriebene" Organisation. Dem Unternehmen geht es gut und bisher ist an dieser Organisationsform auch nichts auszusetzen.

Doch irgendwann kommt der Punkt, an dem der Markt durch eine neue, disruptive Technologie „umgekrempelt" wird. Ein Wandel vollzieht sich – zum Beispiel von einem „mechanisch anfassbaren" Geschäftsmodell zu einem „digital abstrakten". Das Verrückte an der Situation ist, dass man nicht mehr mit Unternehmen konkurriert, die ebenfalls schon lange am Markt etabliert sind und mit mehr oder weniger ähnlichen Organisationsformen agieren.

Jetzt kommen Player ins Spiel, die viel jünger sind, vielleicht sogar noch Start-ups, die keine Historie mit sich tragen und daher „wurzellos“ agieren können. Sie haben noch eine Netzwerkorganisation, die Ihr eigenes Unternehmen bereits als eine Art Fremdkörper abgestoßen hat.

Nun wundert man sich, dass diese Unternehmen so viel schneller agieren können als das eigene Unternehmen, das immerhin jahrzehntelang Marktführer war und sich im Markt etabliert hat. Wenn man hier an die Automobilindustrie denkt, fallen einem sofort Namen wie Tesla oder CATL ein, die innerhalb kürzester Zeit Marktführer in ihrem neuen Segment geworden sind und die etablierten Player regelrecht vor sich hergetrieben haben.

Natürlich werden auch diese Unternehmen ihre Hierarchien ausbilden, aber bis dahin agieren sie deutlich schneller und flexibler als die etablierten Player.

Bedeutet das zwangsläufig, dass ein bestehender Weltmarktführer untergehen muss?

Nein – es kommt darauf an, die etablierte Hierarchiestruktur mit einer Netzwerkstruktur organisch und sinnvoll zu verbinden. Dafür reicht es nicht, wenn der Vorstand ab morgen seine Krawatten ablegt und sie gegen Sneaker tauscht oder sich beliebige Start-ups dazu kauft, die den ganzen Tag gegen die internen Machthierarchien antreten müssen.

Vielmehr muss das Top-Management die Balance zwischen Hierarchie und Netzwerk neu austarieren, um einerseits effizient zu bleiben und andererseits agil und flexibel auf Disruptionen reagieren zu können.

Das muss Chefsache sein, sonst laufen Unternehmen Gefahr, zwar großartige Zukunftsstrategien zu entwerfen und ihren Aufsichtsräten zu präsentieren, dann aber an der Umsetzung zu scheitern. Letztlich nützt eine Strategie nichts, wenn man sie nicht umsetzen kann. Hier sehen wir sowohl bei deutschen als auch bei europäischen Unternehmen noch Luft nach oben. Nur so ist es zu erklären, dass unter den wertvollsten datengetriebenen Unternehmen der Welt kein deutsches oder europäisches zu finden ist.

Die Toleranz, beide Führungsansätze, hierarchisch und netzwerkorientiert, parallel im Unternehmen zuzulassen und umzusetzen, wird die hohe Kunst des Managements sein. Nur so können etablierte Unternehmen in einem sich immer schneller verändernden, disruptiven Wettbewerbsumfeld weiterhin bestehen.

4

DIE POLITISCHE ZEITENWENDE

Wie in zuvor beschrieben, steht die deutsche Wirtschaft unter einem erheblichen globalen Wettbewerbsdruck, sowohl in technologischer als auch in ökonomischer Hinsicht. Um diesem Druck aus Produktivitätsrückstand und einer unzureichenden Innovationspipeline zu entkommen, sollten die Investitionen in diesen Bereichen deutlich erhöht werden.

Dies setzt allerdings voraus, dass der Staat dazu in der Lage ist, hierfür die richtigen Rahmenbedingungen zu schaffen, um einer weiteren Entkopplung globaler Konzerne vom Standort Deutschland entgegenzuwirken und für internationale Investoren wieder attraktiv zu werden.

Dazu benötigt der Staat finanzielle Freiräume, um die dringend notwendigen Investitionen zur Verbesserung der Rahmenbedingungen, wie z. B. in die physische, aber auch digitale Infrastruktur, umzusetzen. Bei der Bereitstellung dieser finanziellen Mittel gehen die Meinungen der verschiedenen Parteien bekanntlich weit auseinander. Am Ende ist auch die Ampelregierung an dieser Frage zerbrochen.

Warum fällt es der Politik so schwer, die richtigen Rahmenbedingungen zu setzen und den Staat so effizient und maßvoll einzusetzen, wie es nötig ist, ohne dabei die Staatsquote ausufern zu lassen? Mit anderen Worten: Wie viel Staat benötigen die mündigen Bürger und das mündige Unternehmen?

Wir möchten die kommende Bundesregierung so betrachten, als wäre Deutschland ein Unternehmen und die Regierung dessen Vorstand. Was würden wir dem CEO, unserem nächsten Bundeskanzler, als seine „Lift & Shift“-Strategie in die Agenda schreiben?

Unserer Ansicht nach ist es zunächst unerlässlich, ein Umdenken bei der Aufstellung künftiger Haushalte einzuleiten. Statt immer nur auf der Einnahmenseite des Haushaltes zu fragen, wo neue Einkünfte herkommen können, benötigen wir ein neues Kostenbewusstsein, um mit den Rekordsteuereinnahmen von über 900 Milliarden Euro[32] besser zu wirtschaften und effizienter umzugehen.

Das aktuelle Staatshandeln ist ungefähr so, als würde man in seinem ohnehin angeschlagenen Unternehmen lediglich von neuen, noch nicht realisierten, Umsätzen träumen, anstatt als erste Maßnahme die Kosten rigoros zu senken. Deutsche Unternehmen haben solche Restrukturierungszyklen bereits mehrfach schmerzhaft durchlebt und sich somit immer wieder neu erfunden.

Aber wie oft hat sich der deutsche Staat in der gleichen Zeit reformiert und restrukturiert?

Die Kunst der richtigen Restrukturierung besteht darin, das „Fett" aus den Prozessen zu entfernen und nicht das „Muskelgewebe". Das gilt für Unternehmen genauso wie für einen Staat. Da Deutschland seinen Bürgern und Unternehmen schon heute mit die höchsten Steuern und Abgaben der Welt abverlangt, wäre es gerade im Hinblick auf die kommenden Generationen dringend erforderlich, dass der Staat endlich mit dem auskommt, was er heute einnimmt.

Bei den Haushaltsausgaben sollten die wertschöpfenden Ausgaben im Verhältnis zu den nicht wertschöpfenden Ausgaben analysiert werden. Nur so wird man auch eine staatliche „Lift & Shift"-Strategie zur Verbesserung und Wettbewerbsfähigkeit des Standortes Deutschland umsetzen können.

Ein weiterer Ansatz, der aus unserer Sicht dringend von der Wirtschaft auf die Politik übertragen werden sollte, ist die Forderung nach Standardisierung. Das heißt, dass alle Prozesse, die in einer bestimmten Region standardisiert ablaufen können, aus Kosten- und Akzeptanzgründen auch vereinheitlicht ablaufen sollten. Außerdem stellen Standardisierung und Prozesseffizienz grundlegende Voraussetzungen für eine erfolgreiche Digitalisierung dar. Wer einen bereits schlechten und ineffizienten analogen Prozess digitalisiert, bekommt auch einen schlechten digitalen Prozess.

Bevor wir uns aber genau dieser Standardisierung zwischen den einzelnen politischen Ebenen widmen, müssen wir über das Problem der Regionalität von Politik sprechen, da sie die Basis der Probleme bildet.

Das Dilemma der Regionalität eines Problems

So wie es für global verantwortliche Unternehmer und Manager wichtig ist, regionale Ursachen und Wirkungen von Problemen zu erkennen, muss diese Fähigkeit in einer immer stärker vernetzten Welt mehr denn je auch in der Politik verankert werden.

Betrachtet man jedoch die Lebensläufe von Spitzenpolitikern, die mit ihrer Position eine enorme Verantwortung für die Bevölkerung übernommen haben, stellt man häufig fest, dass ihre Karrieren entweder regional oder parteipolitisch geprägt waren.

Das heißt, sie sind entweder über den Weg des Bürgermeisters, des Landrats oder der Landesregierung in die Bundesregierung gekommen oder über eine Führungsfunktion in ihrer Partei mit Bundesverantwortung.

Nun werden diese Politiker mit teilweise internationalen oder globalen Problemen konfrontiert, die sie auf regionaler Ebene zu lösen versuchen. Das ergibt sich aus ihrer beruflichen Prägung, ist aber aus unserer Sicht ein grundsätzliches Problem.

Betrachtet man z. B. die CO_2-Problematik oder die globale Bevölkerungsexplosion, mag es zwar moralisch richtig sein, mit gutem Beispiel voranzugehen und nationale Lösungen zu entwickeln. Aber wenn der Rest der Welt nicht mitzieht, kann die jeweilige globale Gesamtproblematik nicht einmal ansatzweise gelöst werden.

Umgekehrt müssen lokale oder regionale Probleme nicht in jedem Fall auf nationaler oder europäischer Ebene geregelt werden. Die entscheidende Frage ist also, wer oder was bestimmt, welches Problem wir als regional oder global einstufen.

Wir vertreten die Ansicht, dass man sich hier ebenfalls an Unternehmen orientieren kann, auch wenn uns bewusst ist, dass sich ein Staat nicht wie ein Unternehmen führen lässt. Hier könnte der Grundsatz gelten, alles zu standardisieren, was standardisierbar ist.

Beispielsweise Prozesse aus der Finanzbuchhaltung oder IT-Infrastruktur. Das bringt große Vorteile mit sich, nämlich Kostenersparnis, Transparenz, Vergleichbarkeit und einen reduzierten Personalaufwand.

Im Gegensatz dazu etablieren global agierende Unternehmen regionale „Frontends“, in denen die jeweiligen Regionen ihre eigenen Prozesse definieren und steuern, um den kulturellen und lokalen Unterschieden gerecht zu werden. Ein anschauliches Beispiel hierfür sind Kundenorganisationen oder lokale Personalabteilungen.

Auch die Politik könnte sich auf dieses Prinzip verständigen und versuchen, das Notwendige zu standardisieren und gleichzeitig die Verantwortung für regional und kulturell unterschiedliche Prozesse wieder an die Nationen oder Regionen zurückzugeben. Auf diese Weise wäre es wahrscheinlich auch wieder möglich, eine rationale Diskussion über die regionalen Zuständigkeiten zu führen.

Deshalb wollen wir uns an dieser Stelle zunächst den Standardisierungspotenzialen auf nationaler und europäischer Ebene widmen, bevor wir auf andere Aspekte unserer heutigen politischen Landschaft in Deutschland näher eingehen.

Die Macht des Standards

Die Geschichte der Normung in Unternehmen reicht weit zurück. Standards haben intern zu unzähligen Vorteilen geführt, insbesondere in Bezug auf Effizienz, Kompatibilität und Transparenz. Die berühmten „Economies of Scale" (Skaleneffekte) haben großen Unternehmen über Jahrzehnte viele Einsparpotenziale gebracht. Standardisierte Abläufe machen Prozesse effizienter, da keine individuellen Lösungen entwickelt werden müssen.

Aber auch außerhalb interner Unternehmensstrukturen haben Standards zu Effizienzsteigerungen und neuen Vernetzungsmöglichkeiten geführt. Man denke nur an den unglaublichen Aufstieg von Unternehmen wie Microsoft mit dem Standard „Windows" oder Apple mit dem Betriebssystem „iOS".

Standardisierung auf politischer Ebene bietet enorme Chancen hinsichtlich Effizienzsteigerung und Entscheidungsgeschwindigkeit. Angesichts der zunehmenden Komplexität des globalen Umfelds und der fortschreitenden Digitalisierung zeigt sich, dass individuelle und regionale Lösungen immer wieder an ihre Grenzen stoßen.

Bedenkt man zudem, dass immer mehr Länder, allen voran die Big Player USA, Russland und China, Strategien verfolgen, die die Interessen der eigenen Nation in den Vordergrund stellen, benötigt Europa eine Antwort.

Ohne ein entsprechendes Gegenmodell zu dieser aggressiven Politik werden die EU und ihre Mitgliedstaaten im globalen Vergleich unter die Räder kommen und keine Rolle mehr spielen.

Standards und die Bündelung von Kompetenzen über die Nationen hinweg würden Europa stärken und könnten genau die Antwort sein, die Europa jetzt benötigt.

Die europäische Antwort

Europa steht vor seinen bisher größten Herausforderungen und an einem Scheideweg, an dem sich zeigen wird, ob die europäische Idee erfolgreich sein wird oder nicht.

Es ist eindeutig, dass weder die einzelnen Mitgliedstaaten im internationalen Wettbewerb von einem schwachen Europa profitieren, noch ein Staat für sich allein erfolgreich sein kann, ohne sich den Interessen von USA, Russland oder China zu unterwerfen.

Was wir also benötigen, ist ein handlungsfähiges, differenzierteres und durchsetzungsfähiges Europa. Ein Europa, in dem das, was es nur „in einem Format" geben könnte, vereinheitlicht wird. Dazu müssen die klügsten Köpfe in die EU an einen Tisch gebracht werden und nicht die Politiker, die national „entsorgt" und in die Europapolitik abgeschoben werden.

Der Anreiz, im EU-Parlament in Brüssel zu sitzen, ohne dass dieses Parlament ein uneingeschränktes Initiativrecht hat, also selbst keine direkten Gesetzesvorschläge einbringen kann, ist für Politiker, die wirklich etwas bewegen wollen, nicht motivierend.

Deshalb schlagen wir vor, die Struktur des EU-Parlaments so zu reformieren, dass ein gestaltendes und handelndes Parlament entsteht und nicht nur die EU-Kommission das alleinige Initiativrecht hat. Wenn wir also unseren Standardisierungsansatz von oben einbringen würden, könnten mehr Effizienz und Kompatibilität in der EU geschaffen werden.

Schauen wir uns dazu einige Beispiele an:

Europäische Verteidigung

Europa muss realisieren, dass es zukünftig bei seiner Verteidigung auf sich gestellt sein wird. Daher gewinnt die Diskussion um eine europäische Armee an Bedeutung und könnte für Europa zahlreiche sicherheitspolitische und wirtschaftliche Vorteile bringen.

Eine europäische Armee würde die militärische Zusammenarbeit der EU-Staaten vertiefen und Einsätze durch bessere Koordination und den Abbau von Doppelstrukturen deutlich effizienter machen.

Gleichzeitig würde eine Bündelung der Ressourcen die Verteidigungsausgaben aller Mitgliedstaaten senken, indem Synergien genutzt und Doppelausgaben vermieden werden. Eine gemeinsame Verteidigungsstrategie würde Europa strategisch autonomer machen und die Abhängigkeit von externen Akteuren wie den USA reduzieren. Gleichzeitig würde die EU als globaler sicherheitspolitischer Akteur an Gewicht gewinnen.

Der wohl größte Vorteil wäre jedoch die starke symbolische und abschreckende Wirkung auf autokratische Staaten und aggressive außenpolitische Strategien. Europa wäre geeint und hätte militärisches Gewicht. Derzeit hat die Bundeswehr 180.000 Soldatinnen und Soldaten unter Waffen, alle europäischen Streitkräfte zusammen jedoch zwischen 1,3 und 1,5 Millionen aktive Soldaten.

Selbst wenn man die Einsparungspotentiale einrechnet, würde schätzungsweise immer noch eine Armee von weit über 500.000 Soldaten entstehen, die damit zu den größten und schlagkräftigsten der Welt zählen würde.

Zudem könnten wehrtechnische Innovationen vorangetrieben und die europäische Rüstungsindustrie gestärkt werden, was nebenbei auch die internationale Wettbewerbsfähigkeit Europas erhöhen würde.[33]

Durch die Vereinheitlichung der verschiedenen Waffensysteme könnte der Ausbildungsstand der Soldaten deutlich erhöht werden. Es gäbe nur noch einen EU-Standard und damit ein einheitliches Waffensystem, das von den Soldaten aller EU-Staaten beherrscht wird und zu einer deutlichen Kostensenkung in der Forschung und Entwicklung führen würde.

Durch eine zentrale Führung einer solchen Armee und die daraus resultierende schnellere Reaktionsfähigkeit könnte Europa effektiver auf globale und regionale Krisen reagieren.

Einheitliches Mautsystem

Ähnlich könnte es sich mit der Vereinheitlichung der nationalen Mautsysteme und der Einführung einer europäischen Maut verhalten. Fährt man durch Österreich, Italien oder die Schweiz, fragt man sich zurecht, warum man die Grenzen ungehindert überqueren kann, jedoch unmittelbar anhalten muss, um eine Vignette zu kaufen oder ein Ticket zu ziehen.

Durch eine europaweite Maut könnten Bürokratie und Verwaltungsaufwände drastisch reduziert werden, immerhin werden nicht unzählige nationale Ämter zur Abwicklung benötigt, sondern lediglich eins. Die Einnahmen könnten gezielt in den Ausbau und die Instandhaltung besonders stark genutzter Strecken sowie in umweltfreundliche Alternativen investiert werden.

Weiterhin bietet eine europäische Maut die Chancen, den gesamten Verkehr effizienter durch ganz Europa zu lenken, städtische Gebiete zu entlasten und sensible Regionen zu schützen. Diese Transparenz würde beispielsweise europäisch agierenden Unternehmen eine zusätzliche länderübergreifende Planbarkeit ermöglichen.

Letztlich fördert ein derartiges Mautsystem – ebenso wie eine europäische Armee – die europäische Zusammenarbeit, harmonisiert Standards und unterstützt die Integration aller Mitgliedstaaten.

Denkt man diesen Gedanken weiter, könnten im Kern all jene Kompetenzen auf europäischer Ebene gebündelt werden, die keine zwingend regionalen Regelungen erfordern.

Auch die Migrationspolitik und der europäische Grenzschutz können unserer Meinung nach nur auf europäischer Ebene gelöst werden. Das ständige Versagen der EU in diesem Bereich hat zu gänzlich unterschiedlichen nationalen Lösungen geführt. Schlimmer noch:

Die Bürger der EU haben das Vertrauen verloren, dass qualifizierte Zuwanderer erfolgreich in den Arbeitsmarkt integriert werden. Stattdessen befürchten sie, dass Migration zu einer Belastung für die Sozialsysteme wird oder sich negativ in den Kriminalitätsstatistiken widerspiegelt.

Dies hat aus unserer Sicht verheerende Auswirkungen auf die aktuelle politische Ausrichtung Europas. Denn als Schlussfolgerung suchen die EU-Bürger ihr Heil zunehmend in nationalen Alleingängen, die dazu führen, dass ein Mitgliedsland nach dem anderen rechts der konservativen Mitte regiert wird. Man muss nur nach Österreich, Belgien oder in die Niederlande schauen.

Die Unternehmensbesteuerung, die Rentensysteme oder auch eine gemeinsame Energieinfrastruktur, um nur einige Beispiele zu nennen, bieten ein enormes Potenzial für Effizienzsteigerungen und ein geschlossenes und starkes Auftreten Europas. Diese Vereinheitlichungen anzugehen, sehen wir auch im Hinblick auf die Stabilisierung des Euro als eine wesentliche Aufgabe der EU-Politiker.

Wir verbinden damit auch die Hoffnung, den Blickwinkel der EU-Politik zu schärfen und zu verändern. Vor allem müssen EU-Politiker viel stärker den Vergleich im globalen Umfeld suchen, anstatt immer nur den Bezug innerhalb der EU zu wählen. Ein berühmtes Beispiel ist die gescheiterte Fusion von Siemens und Alstom.

Hier hatte die EU den Zusammenschluss der beiden Unternehmen verhindert, weil man eine europäische Marktdominanz sah. Dabei wurde aber völlig übersehen, in welchem globalen Wettbewerbsumfeld sich beide Unternehmen befinden. Heute ist das chinesische Bahnunternehmen CRRC fast doppelt so groß wie Siemens und Alstom zusammen und dominiert den Weltmarkt nicht nur in Asien, sondern zunehmend auch in Afrika und Südamerika.

Das gleiche Phänomen lässt sich auch bei der Fusion der Börsen aus London und Frankfurt beobachten, bei der man die Chance hat verstreichen lassen, einen europäischen Finanz-Hotspot zu kreieren, der mit New York oder Tokio hätte konkurrieren können.

Natürlich gibt es regionale und nationale Unterschiede sowie unterschiedliche Befindlichkeiten, die auch künftig zwischen der EU und ihren Mitgliedstaaten berücksichtigt werden müssen. Diese Vielfalt und Individualität ist das, was jedes Land einzigartig macht.

Wenn man jedoch über die Möglichkeiten der Standardisierung auf europäischer Ebene nachdenkt, stellt sich unweigerlich die Frage, ob diese „Standardisierungsbalance“ nicht auch innerhalb Deutschlands – zwischen Bund und Ländern – hinterfragt und neu definiert werden sollte. Auch hier muss die Politik entscheiden, welche Projekte und Prozesse auf Bundesebene einheitlich und standardisiert ablaufen können und welche weiterhin Raum für regionale Unterschiede lassen sollten.

Weniger ist mehr: Der deutsche Föderalismus

Zunächst ist wichtig: Der Föderalismus in Deutschland ist nicht nur ein organisatorisches Prinzip, sondern fest in der Verfassung verankert. Artikel 20 des Grundgesetzes definiert Deutschland als Bundesstaat und schützt die föderale Struktur durch die Ewigkeitsklausel, um eine zentrale Machtergreifung zu verhindern.

Wollte man die deutsche föderale Struktur reformieren, so könnten auch hier alle Kompetenzen und Ministerien auf Bundesebene verlagert werden, die nicht regionale Vielfalt fördern, Bürgernähe voraussetzen oder sich mit spezifischen regionalen Herausforderungen auseinandersetzen. Diese Aspekte tragen nämlich maßgeblich zur Stabilität des politischen Systems bei und sollten nicht angefasst werden. Die wirtschaftliche Entwicklung etwa ist stark von regionalen Herausforderungen geprägt, während Kultur und Medien in hohem Maße von den Traditionen der einzelnen Bundesländer abhängen. Auch die Gestaltung von städtischem und ländlichem Lebens- und Wohnraum erfordert eine enge Bürgernähe und muss den jeweiligen lokalen Bedürfnissen gerecht werden.

Werfen wir einen Blick auf die deutsche Bildung. Ein Bereich, der eine Standardisierung schmerzlich vermisst, was sich negativ auf die Leistungen der Schüler auswirkt und zudem enorme Kosten nach sich zieht. 16 Kultusministerien, 16 Bildungsminister und ein Bundesministerium kämpfen tagein, tagaus für die beste Bildung Deutschlands. Leider mit mäßigem Erfolg.

Schätzungen zufolge gibt es in Deutschland zwischen 50 und 100 verschiedene Mathematikbücher für eine Klassenstufe.[34] Dabei ergibt „4 + 4" in Bayern dasselbe wie in Schleswig-Holstein! Warum also muss eine Familie, die von einem Bundesland in ein anderes zieht, heute noch bangen, ob ihre Kinder in die gleiche Schulform kommen, geschweige denn Anschluss an den Lehrstoff finden? Selbst innerhalb eines Bundeslandes gibt es völlig unterschiedliche Schulbücher. Das ist weder zeitgemäß noch effizient und einzig und allein ein Resultat der individuellen Bildungsgestaltung der jeweiligen Bundesländer.

Schaut man nach China, ein Land mit fast 17-mal so vielen Einwohnern wie Deutschland, so gibt es dort nur fünf verschiedene Mathematikbücher. Das zentrale Bildungssystem setzt auf Einheitlichkeit und Vergleichbarkeit – und das mit Erfolg. Schon bei der PISA-Studie 2018 schnitten die chinesischen Schülerinnen und Schüler im Durchschnitt 100 Punkte besser ab als die deutschen.[35] Die Ergebnisse der PISA-Studie 2022 zeigten einen noch beunruhigenderen Abwärtstrend für Deutschland. [36]

Darüber hinaus stellt sich die Frage, warum Lehrer in Deutschland immer noch verbeamtet werden. Das Vertrauen in ein System, das in seinen Grundzügen aus dem 18. und 19. Jahrhundert stammt und zuletzt 1949 grundlegend reformiert wurde, wirft die Frage auf, ob es noch zeitgemäß ist und ob Kosten und Leistung hier in einem gesunden Verhältnis stehen.

Die Top-Performer der PISA-Studien wie Finnland, Estland, Kanada oder Singapur haben in der Regel keine verbeamteten, sondern angestellte Lehrer mit leistungsabhängigen Bezahlungen und flexiblen Arbeitsverträgen. In Großbritannien erhalten beispielsweise Lehrer einen Bonus, wenn der Notendurchschnitt ihrer Schüler bei standardisierten landesweiten

Vergleichstests gut ausfällt. Ein Modell, welches wir uns auch für Deutschland vorstellen können. Neben den schwachen Bildungsergebnissen hat in den vergangenen Jahren auch die gesellschaftliche Akzeptanz der verbeamteten Lehrer gelitten. Es ist zumindest fraglich, ob eine Pension von über 70 % der letzten Bezüge in einer gesunden Balance zu dem Rentenniveau von unter 50 % der restlichen Arbeitnehmer steht.

Aber zurück zum deutschen föderalen System. In besorgniserregender Weise wurden hier die Schwächen in der Vollzugsarbeit und Vernetzung der Daten bei den Attentaten und Anschlägen aus der letzten Zeit offengelegt. Die Täter dieser grausamen Anschläge waren in weiten Teilen Deutschlands bereits polizeibekannt und sind durch diverse Delikte und Straftaten in verschiedenen Bundesländern auffällig geworden. Und das teilweise in über 100 Fällen!

Festgesetzt wurden diese Täter jedoch nicht. Nicht, weil es am Willen oder der Überzeugung fehlte, diese Menschen festzunehmen. Sondern, weil die Zuständigkeiten über die Grenzen der Bundesländer hinweg nicht feststanden oder Daten zu vorherigen Taten den Behörden nicht vollständig zur Verfügung standen. Hier von einem Behördenversagen zu sprechen, ist mit Sicherheit nicht falsch, unserer Ansicht nach aber zu kurz gegriffen. Es handelt sich im Kern um eine Schwäche des föderalen Systems, welche auf erschütternde Art und Weise zum Tragen gekommen ist.

Die Bündelung von Kompetenzen und Daten in einer zentralen Behörde zur Straf- und Vollzugsarbeit und damit auch eine Standardisierung auf Bundesebene wäre die logische Konsequenz, um der Bevölkerung das Vertrauen in die Polizeiarbeit zurückzugeben.

Wir stellen also fest, dass Standardisierungen nicht nur die Bundesrepublik selbst stärken, sondern auch einzelne Bundesländer und Regionen – so wie sie auch zur Stärkung globaler Unternehmen beigetragen haben. Entscheidungen, die auf Bundesebene verlagert werden, könnten schneller gestaltet und über Landesgrenzen hinweg durchgesetzt werden. Für die freiwerdenden Ressourcen könnte in den einzelnen Bundesländern sicherlich eine neue, sinnvollere Verwendung gefunden werden.

Der deutsche Föderalismus hat sich über Jahrzehnte als erfolgreiches Konzept der regionalen Gewaltenteilung bewährt und ausgezahlt. Dennoch müssen standardisierungsfähige Kompetenzen und Prozesse auf Bundesebene zentralisiert werden, um Schnelligkeit und Effizienz zu fördern, Bürokratie abzubauen und einen handlungsfähigen Staat zu gewährleisten.

Diese Standardisierung sollte, wo möglich, in das „Lastenheft" der politisch Verantwortlichen geschrieben werden. Dabei darf man auch nicht vergessen, dass sie nicht mit ihrem eigenen Geld, sondern Steuergeldern ihrer Bürgerinnen und Bürger handeln, die eine gewisse Effizienz im Umgang mit dieser wertvollen Ressource durchaus erwarten dürfen.

Werfen wir nun aber einen Blick zurück auf die Ampel und schauen uns die aktuelle politische Landschaft Deutschlands an.

Die Ampel: Ein gescheitertes Experiment

Die Ampel-Koalition gehört der Vergangenheit an. Am 6. November 2024, einem denkwürdigen Tag in der Geschichte der Bundesrepublik, kam es zum Bruch der ersten Drei-Parteien-Regierung auf Bundesebene. Bundeskanzler Olaf Scholz entließ an diesem Mittwochabend den Finanzminister und Vorsitzenden der FDP, Christian Lindner, mit den Worten: „Zu oft hat er mein Vertrauen gebrochen.“[37]

Lindner hingegen warf Scholz vor, die Regierung absichtlich zu Fall gebracht zu haben, indem er ein Angebot der FDP auf geordnete Neuwahlen ablehnte. Beide Seiten beschuldigten sich gegenseitig, den Bruch herbeigeführt zu haben. Die politische Verantwortung für das Scheitern der Koalition blieb Gegenstand kontroverser Diskussionen.

Gezeigt hat die Ampelregierung Folgendes: Idealismus ist und bleibt die höchste Entscheidungsmaxime. Der Meinungskorridor, in welchem sich jede Partei bewegt, ist eng. Damit auch der Handlungsspielraum für Kompromisse, Reformen und Akzeptanz.

Dasselbe gilt aber nicht nur für die politischen Akteure. Auch die Menschen in Deutschland fühlen und leben das. Jeder Einzelne von uns besitzt ein stark ausgeprägtes Idealbild des Lebens in diesem Land.

Davon, wie der Sozialstaat zu agieren hat, wie Wirtschaft und Umweltschutz funktionieren oder wie auf internationale Konflikte reagiert werden soll. Darüber, welche Rolle Europa noch hat, wie viele Geflüchtete Deutschland aufnehmen sollte oder ob Atomkraftwerke benötigt werden oder nicht.

Das politische System stößt an seine Grenzen und ist unabhängig von seinen kurzfristigen Herausforderungen nicht in der Lage, die Bruchlinien unserer Gesellschaft zu schließen. Es scheint, dass unsere Demokratie keine schlagkräftigen Antworten auf die großen globalen und nationalen Herausforderungen mehr hat. Deshalb wollen wir im Folgenden untersuchen, in welchen Punkten unser Staat reformiert werden sollte.

Das Dilemma der Wiederwahl: Wie Machterhalt Reformen blockiert

Wer an der Macht ist, der will an der Macht bleiben. Das hat insbesondere Angela Merkel (CDU) in ihren vier Amtsperioden als Bundeskanzlerin in den Jahren von 2005 bis 2021 gezeigt. Angela Merkel hat von ihrem Vorgänger Gerhard Schröder (SPD) eine entscheidende Komponente gelernt und hautnah erlebt – Reformen beenden politische Karrieren. Was ist damals passiert?

Die Agenda 2010, das Reformpaket von Gerhard Schröder, gilt bis heute als Zäsur in der deutschen Sozialpolitik. Ursprünglich als Mittel zur Stärkung der Wettbewerbsfähigkeit und zum Abbau der Beschäftigungslosigkeit gedacht, entwickelte sich das Projekt für Schröder zum politischen Bumerang. Die Reformen, die unter anderem Kürzungen bei der Arbeitslosenhilfe, Hartz IV und die Flexibilisierung des Arbeitsmarktes beinhalteten, stießen auf Widerstand. Vor allem in Schröders Wählerklientel, den sozialdemokratischen Arbeitern und Gewerkschaften, wurden sie als ungerecht empfunden.

Schröders Reformpaket stürzte die SPD in eine tiefe Identitätskrise, da viele Stammwähler die Reformen als Abkehr von den Grundprinzipien des Sozialstaates verstanden. Die Folge war ein Vertrauensverlust, der sich in Wahlergebnissen und innerparteilichen Zerwürfnissen niederschlug. Ein Beispiel ist die Abspaltung der Partei Die Linke von enttäuschten Sozialdemokraten wie Oskar Lafontaine.

Diese Spaltung der Linken schwächte dieses politische Lager. Die Proteste gegen die Agenda, etwa die Montagsdemonstrationen, zeigten, wie stark die Reformen die Gesellschaft polarisierten.

Im Jahr 2005 führten die anhaltende Unzufriedenheit in der Bevölkerung und der innerparteiliche Druck dazu, dass Schröder Neuwahlen ausrief. In einem knappen Rennen unterlag die SPD unter Schröder schließlich der Union unter Angela Merkel.

Die Agenda 2010 hatte Schröder, der einst als „Kanzler der Mitte" angetreten war, politisch den Boden unter den Füßen weggezogen und ihn von der eigenen Wählerschaft entfremdet.

Während Schröders Reformwerk im Rückblick oft als Grundlage für den wirtschaftlichen Aufschwung Deutschlands gesehen wird, bedeutete es für ihn und die SPD politisch eine Zäsur, von der sich die Partei nur langsam erholte.

Zusammengefasst beendete Gerhard Schröders Sozialreform seine politische Karriere und lehrte Angela Merkel, dass Reformen – zumindest zur Wiederwahl – vermieden werden sollten. Das stellt ein Problem dar.

Reformen legen den Grundstein für Veränderungen, durch die wiederum Wachstum entsteht. Sie sorgen dafür, dass die Dinge grundlegend anders laufen als bisher. Sie stehen für Chancen, für einen Neuanfang, für Mut und für den Willen, die Dinge besser zu machen und dem Zeitgeschehen gerecht zu werden.

Reformen reagieren auf Veränderungen oder greifen zukünftigen Entwicklungen bestenfalls vor, sodass die Handlungsfähigkeit eines Staates stets gewährleistet ist. Gerade dieser Aspekt ist in einer globalisierten und vernetzten Welt unabdingbar.

Die Komplexität und die Geschwindigkeit des disruptiven Wandels haben in den vergangenen Jahrzehnten viele demokratische Systeme gezwungen, von einer agierenden zu einer reagierenden Position überzugehen.

Der Wandel hat sich zum neuen Status quo entwickelt. Lange Zeit wurde Veränderung als ein Prozess verstanden, der einen alten Status quo aktualisiert und einen neuen erschafft – diese Perspektive ist jedoch inzwischen überholt.

Zudem bedeuten Reformen aber auch, dass bestehende Strukturen aufgebrochen werden. Sie sind unangenehm, führen zu Konflikten und schaffen Verlierer und Gewinner. Reformen greifen tief in die Gestaltung eines Landes ein, setzen entscheidende Weichen für die Zukunft und bleiben dennoch ein politisches Risiko.

Wären sie es nicht, würde ein breiter Konsens gegenüber der Veränderung bestehen und die politische Umsetzung wäre einfach – dann wären es jedoch keine echten Reformen.

Dieses politische Risiko ist Angela Merkel als Bundeskanzlerin ganz bewusst nicht eingegangen. Zu frisch waren die Narben des Scheiterns ihres Vorgängers Gerhard Schröder. Das Risiko, die Zustimmung ihrer Partei zu verlieren oder in Missgunst der Wähler zu geraten, war zu groß. Das Resultat: ein Reformstau.

In zentralen Zukunftsfeldern wie Digitalisierung, Verteidigungspolitik, Bildung, Rente und der Attraktivität des Wirtschaftsstandorts wird dieser Reformstau besonders deutlich. Trotz seiner wirtschaftlichen Stärke ist Deutschland in vielen dieser Bereiche ins Hintertreffen geraten.

Das geht nicht nur auf Kosten der Wettbewerbsfähigkeit, sondern belastet auch das Vertrauen in die politische Handlungsfähigkeit. Ein paar Beispiele:

Reformstau Digitalisierung

Deutschland gilt trotz seiner globalen Bedeutung als eines der am schlechtesten digitalisierten Länder Europas. Laut dem Digital Economy and Society Index (DESI) der EU-Kommission rangierten wir im Jahr 2023 nur auf Platz 18 von 27 Mitgliedstaaten.[38] Der Breitbandausbau ist nach wie vor unzureichend: Nur 14 % der Haushalte hatten 2022 Zugang zu Glasfaseranschlüssen – weit hinter Ländern wie Spanien (67 %) oder Schweden (82 %).[39]

Hinzu kommen schleppende digitale Verwaltungsprozesse. Während Bürger in Estland ihre Behördengänge online erledigen, hinkt Deutschland mit seiner E-Government-Umsetzung massiv hinterher.

Das Onlinezugangsgesetz (OZG), das eigentlich bis 2022 umgesetzt sein sollte, ist noch immer unvollständig, was für ein Innovationsland wie Deutschland schlicht inakzeptabel ist.

Dieses Defizit könnte aus unserer Sicht durch einen zentralen Digitalisierungsbeauftragten mit hoher Verfügungsgewalt über die Ländergrenzen hinweg behoben werden. Dieser sollte als Experte mit entsprechendem Know-how und Umsetzungserfahrung und nicht als Politiker so eingesetzt werden, dass er die Digitalisierung des deutschen Staates zentral vorantreiben kann.

In Estland, einem Vorreiter der Digitalisierung, spielte unter anderem der deutsche Informatiker Dr. Arvo Ott, ebenso wie das deutsche Fraunhofer-Institut, eine wichtige Rolle beim Aufbau der digitalen Verwaltung. Seit 2014 werden Ausländer in Estland digital erfasst und erhalten eine digitale Identität. 99 % aller Verwaltungsdienstleistungen und Rezepte sind online verfügbar oder werden elektronisch ausgestellt. Vom

„Bürokratiefrust" und der Langsamkeit deutscher Behörden ist Estland weit entfernt. Im deutschen Haushalt könnten hier Milliarden von Euro eingespart werden.

Reformstau Bildung

Auch im Bildungssektor zeigt sich der Reformstau deutlich. Laut der OECD-Studie aus dem Jahr 2023 gibt Deutschland nur 4,2 % seines BIP für Bildung aus – deutlich weniger als der OECD-Durchschnitt von 5 %.[40] Würde Deutschland sich dieser Fünf-Prozent-Hürde annähern, so wären das jährlich über 30 Milliarden Euro mehr für das Bildungssystem.

Gleichzeitig offenbart der IQB-Bildungstrend alarmierende Zahlen: 2021 konnte fast jeder fünfte Viertklässler nicht ausreichend lesen.[41] Der Lehrkräftemangel verschärft die Lage weiter – laut Prognosen fehlen bis 2035 über 25.000 Lehrkräfte. In Ländern wie Finnland oder Estland, die oft als Vorbilder gelten, sind Bildungssysteme durch gezielte Investitionen und Digitalisierung wesentlich besser aufgestellt, was sich in überdurchschnittlichen PISA-Ergebnissen widerspiegelt.

Die Infrastruktur der Schulen steht ebenfalls vor einem enormen Investitionsstau. Nach aktuellen Schätzungen beläuft sich der Investitionsbedarf mittlerweile auf rund 54,8 Milliarden Euro – eine Steigerung um 7,3 Milliarden Euro gegenüber dem Vorjahr.[42]

Diese Zahlen aus dem Jahr 2023 zeigen, wie dramatisch die Lage ist: Jahr für Jahr wächst der Sanierungsstau, während dringend benötigte Mittel fehlen. Dabei geht es nicht nur um kaputte Dächer oder marode Turnhallen, sondern auch um eine moderne digitale Infrastruktur.

Reformstau Verteidigungspolitik

Die Bundeswehr leidet seit Jahren unter chronischer Unterfinanzierung und veralteter Ausrüstung. Trotz des angekündigten „Zeitenwende"-Pakets und eines Sondervermögens von 100 Milliarden Euro bleiben Fortschritte aus. Ein Bericht des Wehrbeauftragten des Bundestages 2023 zeigte, dass von den 350 Puma-Schützenpanzern zeitweise weniger als 50 einsatzfähig waren.[43] Und das ist nur eines von vielen Beispielen.

Vergleichbare Länder wie Frankreich und Großbritannien investieren prozentual mehr in ihre Streitkräfte und haben ihre militärische Einsatzbereitschaft besser abgesichert.

Besonders im Kontext des Ukraine-Kriegs wurde Deutschlands Verteidigungsfähigkeit schonungslos offengelegt, was Zweifel an der Bündnisfähigkeit innerhalb der NATO nährt. So wurde unmittelbar nach dem Beginn des Ukraine-Konflikts publik, dass der Munitionsvorrat Deutschlands in einem Verteidigungsfall gerade einmal für drei Tage reichen würde. Das wirkt auf die Bevölkerung nicht besonders vertrauenserweckend.

Die Bundeswehr befindet sich zudem in einem akuten Personalnotstand. Derzeit leisten rund 180.000 Soldaten ihren Dienst – das eigentliche Ziel liegt bei 203.000 bis zum Jahr 2031. 20.000 Soldaten fehlen also schon jetzt, und die Lücke wird immer größer.

Besonders dramatisch ist die Situation bei den Mannschaftsdienstgraden: Ende 2023 waren fast 21.000 Unteroffiziers- und Offiziersposten unbesetzt.[44] Gleichzeitig wird die Nachwuchsgewinnung immer schwieriger. Im Jahr 2022 ging die Zahl der Bewerbungen um 11 % zurück, und selbst diejenigen, die sich für eine militärische Laufbahn entscheiden, bleiben nicht unbedingt dabei: Jeder fünfte Rekrut bricht die Ausbildung ab, beim Heer ist es sogar ein Drittel.[45]

Die Bundeswehr kämpft also nicht nur mit akutem Personalmangel, sondern auch mit einer tiefen Nachwuchskrise.

Reformstau Rente

Die demografische Entwicklung stellt die Rentensysteme in Deutschland vor eine enorme Herausforderung. Schon heute fließen knapp 25 %, also ca. 116,3 Milliarden Euro, des Bundeshaushalts in die Rentenkasse.[46] Ein Anteil, der bis 2030 auf schätzungsweise 150 bis 170 Milliarden Euro noch steigen wird.

Je nach wirtschaftlicher Entwicklung Deutschlands wird allein die zusätzliche Finanzierung der Rente somit mehr als 30 % des gesamten Bundeshaushalts ausmachen. Angesichts eines erforderlichen Investitionsvolumens von 1,4 Billionen Euro bis 2030, um Deutschland zukunftssicher zu machen, wirkt diese Bezuschussung geradezu marginal und unzureichend.[47]

Unabhängig von der sozialen Verantwortung zeigen die Zahlen, dass das umlagefinanzierte Rentensystem an seine Grenzen stößt. Ohne zusätzliche Mittel aus dem laufenden Haushalt sind eine Finanzierung und ein Rentenniveau von 48 % nicht leistbar.

Die Ursachen für den drohenden Kollaps dieses Systems sind seit Langem bekannt. Der demografische Wandel macht es deutlich: Der Anteil der über 65-Jährigen wird von 22,1 % im Jahr 2022 auf voraussichtlich 27,4 % im Jahr 2035 steigen.[48]

Kurz gesagt: Der Anteil der Rentenbezieher wächst in den kommenden Jahren enorm an. Mehr als sieben Millionen Erwerbstätige, das entspricht einer ganzen Generation, gehen in den kommenden Jahren in Rente.[49]

Laut einer Studie des Instituts der deutschen Wirtschaft (IW) werden bis zum Jahr 2036 etwa 19,5 Millionen Beschäftigte der Babyboomer-Generation in den Ruhestand treten, während nur etwa 12,5 Millionen jüngere Arbeitskräfte nachrücken.

Dies bedeutet einen durchschnittlichen jährlichen Verlust von rund 1,4 Millionen Arbeitskräften und einen Zugang von etwa 900.000, was zu einer jährlichen Nettoabnahme von ungefähr 500.000 führt.[50]

Die Umlagefinanzierung basiert darauf, dass die Renten der aktuellen Bezieher direkt aus den Beiträgen der derzeitigen Erwerbstätigen finanziert werden, ohne dass ein Kapitalstock aufgebaut wird.

1962 kamen auf einen Rentenbezieher noch sechs Beitragszahler. 2020 lag das Verhältnis bei 1 zu 1,8. Bis 2050 liegt es sogar bei 1 zu 1,3.[51] Zahlen, die lange bekannt sind, jedoch unmissverständlich zeigen, dass sich das Rentensystem immer mehr einem Zustand annähert, in welchem nur noch ein Beitragszahler einen Rentenbezieher finanziert.

Schaut man auf seine eigene Gehaltsabrechnung, so werden nur die wenigsten behaupten können, dass das langfristig funktionieren kann und man wundert sich, warum bei einer derart klaren Faktenlage eine Reform in den Augen unserer Politiker nicht längst überfällig ist.

Im Vergleich dazu setzen Länder wie Schweden auf ein Mischsystem aus Umlage- und Kapitaldeckung, das nachhaltiger auf die Alterung der Gesellschaft reagiert. Hier wurde durch eine kapitalgedeckte Rente in den vergangenen zehn Jahren eine Rendite von ca. 8 % pro Jahr erzielt.[52]

Dies entlastet nicht nur den Staatshaushalt, sondern sichert auch das Rentenniveau von durchschnittlich 56,2 %.[53] Damit ist das schwedische Rentenniveau um einiges höher als das deutsche.

Die jüngste Einführung der Aktienrente in Deutschland ist zwar ein Schritt in die richtige Richtung, doch angesichts der Geschwindigkeit des demografischen Wandels bleibt das Reformtempo zu langsam.

Die Abhängigkeit von immer weniger Beitragszahlern wird langfristig die finanzielle Tragfähigkeit des Rentensystems gefährden.

Reformstau Wirtschaftsstandort

Deutschlands Wirtschaftsstandort hat an Attraktivität eingebüßt. Hohe Energiepreise, bürokratische Hürden und ein Mangel an Fachkräften erschweren es Unternehmen zunehmend, wettbewerbsfähig zu bleiben. Laut einer Umfrage der American Chamber of Commerce sehen 46 % der befragten US-Unternehmen Deutschland nur noch als bedingt wettbewerbsfähig.[54]

Gleichzeitig verzeichnete die deutsche Industrieproduktion im Jahr 2023 einen Rückgang von 1,6 %, während Länder wie die USA mit Subventionen wie dem Inflation Reduction Act (IRA) gezielt Investitionen anziehen.[55]

So widerfährt Deutschland derzeit eine Deindustrialisierung, wie wir sie noch nicht erlebt haben. Mehrere hunderttausend Industriearbeitsplätze sind in Gefahr, nicht nur in der Automobilindustrie, während die Staatsquote, also der Anteil der Staatsausgaben am Bruttoinlandsprodukt, weiter steigt.

Allein im Jahr 2024 gingen in Deutschland geschätzte 320.000 Arbeitsplätze durch insolvente Unternehmen verloren[56], während allein im öffentlichen Dienst im Jahr 2023 schätzungsweise 64.000 neue Beschäftigte im Vergleich zum Vorjahr eingestellt wurden.[57]

Ausufernde Staatsausgaben, gepaart mit Ineffizienz und überbordender Bürokratie, haben noch nie zu nachhaltigem Wirtschaftswachstum geführt. Das alte Römische Reich und das sozialistische System der damaligen Sowjetunion sind dafür historische Beweise.

Besonders beunruhigend ist die Entwicklung im Bereich der Start-ups: Während in Deutschland 2022 rund 10 Milliarden Euro in Start-ups investiert wurden, waren es in Großbritannien mit über 30 Milliarden Euro dreimal so viel[58] und in den USA mit über 250 Milliarden Euro sogar ein Vielfaches.[59]

Reformstau Migration

Auch in der Migrationspolitik zeigt sich Deutschlands Reformstau deutlich. Die Zahl der Asylanträge war 2023 mit rund 300.000 Anträgen auf dem höchsten Stand seit 2016, doch die Strukturen für Integration und Steuerung der Migration sind weiterhin unzureichend.[60] Laut einer Studie des Sachverständigenrats für Integration und Migration (SVR) fehlt es vordergründig an effektiven Rückführungsmechanismen: Im Jahr 2022 wurden nur etwa 12.000 abgelehnte Asylbewerber abgeschoben – weniger als 2 % der ausreisepflichtigen Personen.[61]

Gleichzeitig bestehen große Defizite bei der Integration in den Arbeitsmarkt. Das wirkt sich dann auch bei der gesamten Integration aus, denn es gibt nun mal keine Alternative als eine erfolgreiche Integration über die Arbeit. Nur so lassen sich die derzeitigen Migrationsprobleme und die damit einhergehenden erhöhten Kriminalitätsraten wieder senken.

Während Länder wie Kanada gezielt auf ein Punktesystem zur Steuerung qualifizierter Migration setzen, sind in Deutschland Verfahren oft bürokratisch und langsam. Dies wird durch eine OECD-Studie bestätigt, die Deutschland nur im Mittelfeld bei der Attraktivität für Fachkräfte sieht.[62]

Besonders problematisch ist, dass das Land angesichts des Fachkräftemangels auf qualifizierte Zuwanderung angewiesen ist, gleichzeitig aber die politischen Rahmenbedingungen nicht entsprechend angepasst wurden.

Reformstau Steuern

Die Steuer- und Abgabenbelastung der Steuerzahler in Deutschland gehört im internationalen Vergleich zu den höchsten der Welt. Auch hier wurde bislang keine Reform eingeleitet, obwohl im Hinblick auf die Attraktivität des Wirtschaftsstandortes und die Gerechtigkeit gegenüber den Bürgern Potenzial für eine digitale und verständliche Ausgestaltung besteht.

So gehört das deutsche Steuersystem auf der einen Seite zu den komplexesten der Welt, ist schwer verständlich und sorgt daher für Unmut in der Bevölkerung.

Durchschnittlich kommen knapp 700 neue gesetzliche Regelungen und ca. 500 neue Verordnungen jährlich neu in unsere Steuergesetzgebung – hier den Überblick zu behalten fällt schwer. Auf der anderen Seite ist das Steuersystem seinen Grundzügen ungerecht ausgestaltet. Dies zeigt die folgende Grafik.

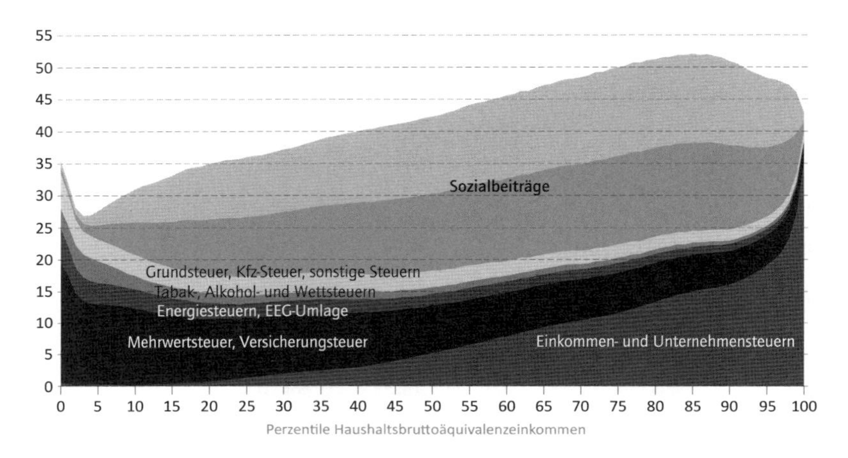

Abb. 4.1: Steuern und Sozialbeiträge in Prozent des Haushaltsbruttoeinkommens, Quelle: DIW Wochenbericht: *Steuerlastveteilung*, Berlin: DIW, 2016.

Geringverdiener werden überproportional durch indirekte Steuern und Verbrauchssteuern belastet, während auf höhere Einkommen überproportional durch Einkommenssteuern belastet werden (siehe Abbildung 4.1).

Dies führt dazu, dass unverhältnismäßig viele Menschen, die klassischerweise zur „arbeitenden Mitte“ gezählt werden, bereits den Spitzensteuersatz von 42 % zahlen und deswegen netto relativ wenig Bruttolohn übrig haben. Bereits bei einem Einkommen von knapp 69.000 Euro (brutto), dem 1,3-fachen des Durchschnittseinkommens aller Vollzeitbeschäftigten, wird dieser fällig.

Hinzu kommt, dass die Entlastungsmodelle der Parteien der Mitte die kleinen und mittleren Einkommen nicht entlasten. Diese Menschen entrichten nur geringe oder gar keine Einkommenssteuer und profitieren daher kaum von Steuersenkungen. Eine spürbare finanzielle Entlastung erfahren sie primär durch indirekte Steuern wie der Mehrwertsteuer. Nur die Linke sieht hier eine Reform vor. Eine Ungerechtigkeit im Steuersystem, die schon lange bekannt ist, aber ebenso lange nicht gelöst wurde.

Reformstau Infrastruktur

Die deutsche Infrastruktur weist erhebliche Mängel auf, die sich in verschiedenen Bereichen bemerkbar machen. Besonders betroffen sind Straßen, Brücken und das Schienennetz, die allesamt unter einem massiven Sanierungsstau leiden. Eine aktuelle Bestandsaufnahme zeigt, dass von rund 13.000 km Autobahn, 7.112 km als sanierungsbedürftig gelten, also mehr als die Hälfte des gesamten Netzes.

Besonders alarmierend ist der Anstieg um 1.315 km seit der letzten Erhebung, was zeigt, dass Deutschland mit der Sanierung kaum hinterherkommt.[63]

Besonders kritisch ist die Situation bei den Brücken: Mehr als 11.000 Fernstraßenbrücken sind marode,[64] noch dazu befinden sich 20 der 100 am schlechtesten bewerteten Autobahnbrücken in Nordrhein-Westfalen – dem am meisten befahrenen Bundesland Deutschlands.[65] Da wirft die Dresdner Carolabrücke schon mal ihre Schatten voraus.

Auch der Schienenverkehr ist stark betroffen. Trotz geplanter Sanierungsprojekte hat sich der Zustand des Schienennetzes weiter verschlechtert. Während die Deutsche Bahn Investitionen in Milliardenhöhe ankündigt, führen die notwendigen Sanierungen kurzfristig zu weiteren Einschränkungen und

Verspätungen. Jeder dritte Zug war im letzten Jahr bereits verspätet. Der Investitionsstau in die Deutsche Bahn ist enorm: Lag er 2011 noch bei 25 Milliarden Euro, hat er sich bis 2023 auf 48 Milliarden Euro fast verdoppelt.[66] Bis 2030 wird ein gesamter Investitionsbedarf von über 100 Milliarden Euro prognostiziert.

Diese Zahlen verdeutlichen, dass die Infrastruktur in Deutschland nicht nur veraltet, sondern auch massiv unterfinanziert ist. Der Investitionsstau wächst von Jahr zu Jahr, Straßen, Brücken und das Schienennetz drohen an ihre Belastungsgrenzen zu stoßen. Ohne eine grundlegende Modernisierung und eine massive Steigerung der Investitionen entstehen in Deutschland langfristig wirtschaftliche und verkehrstechnische Probleme.[67]

Der Reformstau in Deutschland ist kein abstraktes Problem, sondern zeigt sich in konkreten Schwächen, die das Land zunehmend ausbremsen. Ob Digitalisierung, Verteidigungsfähigkeit, Bildung, Rente, Wettbewerbsfähigkeit oder Migration – in fast allen Bereichen fehlt der Mut zu strukturellen Veränderungen.

Andere Länder zeigen, dass Fortschritt möglich ist, wenn entschlossen gehandelt wird, politische Risiken eingegangen werden und nicht der Wille zur Wiederwahl im Vordergrund steht.

Die Ausrede der politisch Verantwortlichen, es handele sich um allgemeine, konjunkturelle oder geopolitische Herausforderungen, zieht nicht. Denn auch im europäischen Vergleich fällt Deutschland zurück. Die Versäumnisse sind also „hausgemacht“ und waren mit Ausnahme der Corona-Pandemie vorhersehbar. Die grobe Fahrlässigkeit dieser Versäumnisse wird kommende Generationen noch lange verfolgen.

Weder Angela Merkel wollte es riskieren, nicht wiedergewählt zu werden, noch die Ampelregierung unter Olaf Scholz. Und so scheint Deutschland in seiner eigenen Bürokratie und Konfliktscheue gefangen zu sein, was nicht nur seine eigene Zukunft gefährdet, sondern auch seine Rolle in Europa und der Welt schwächt.

Macht auf Zeit: Warum Deutschland dringend Amtszeitbegrenzungen benötigt

Wir haben ausführlich über den Reformstau gesprochen und darüber, dass Reformen oft aus Angst der amtierenden Politiker und Bundeskanzler vor der Wiederwahl unterbleiben. Lassen Sie uns nun prüfen, wie eine Amtszeitbegrenzung für den Bundeskanzler dazu beitragen könnte, das „Dilemma der Wiederwahl" zu entschärfen und den Reformstau in Deutschland aufzulösen.

Eine Amtszeitbegrenzung wäre eine ebenso bekannte wie pragmatische Lösung. Ohne den ständigen Blick auf die Wiederwahl könnten Kanzler und Parteien mutiger notwendige, aber unpopuläre Reformen umsetzen, ohne die Angst, Wählerstimmen zu verlieren.

Beispielhaft dafür zeigt die Kanzlerschaft von Angela Merkel, wie das Streben nach langfristiger Machterhaltung zu politischer Vorsicht führte. Sie führte Deutschland gewissenhaft und erfolgreich durch verschiedene Krisen. Sie handelte stets nach ihrer Intuition, nach den Themen, die die Wähler beschäftigten und welche Mehrheiten sich in der Bevölkerung gerade zu verschiedenen Themen bildeten. Deckte sich die Mehrheit in der Bevölkerung nicht mit ihrer politischen Position, so veränderte sie diese hektisch, schnell und resolut.

Vom blitzschnellen Sinneswandel bei der Kernenergie, nach der Katastrophe von Fukushima, über die 180-Grad-Wende bei der Wehrpflicht hin zum schnellen Umdenken beim Klimaschutz nach dem Erstarken der Umweltproteste zulasten einer unvorbereiteten Wirtschaft, hat Angela Merkel immer wieder ihr Geschick bewiesen, den politischen Mainstream zu bedienen. Reformen wie in der Digitalisierung, der Bildung oder der Verteidigungspolitik hat sie jedoch vermieden, mit langfristigen Nachteilen für die Wettbewerbsfähigkeit Deutschlands und die Handlungsfähigkeit der Regierung.

Selbst als Angela Merkel wusste, dass sie nicht mehr als Kanzlerin antreten würde, hat sie trotz ihrer letzten Legislaturperiode (2017-2021) von Reformen Abstand genommen. Wir führen diese letzte verpasste Chance auch darauf zurück, dass sie das Erbe ihrer sehr langen Amtszeit nicht mehr beschädigen wollte.

Wenn sich hier der Eindruck aufdrängt, dass dies ein reines Problem von Angela Merkel sein könnte – nein. Die Ampelregierung unter Olaf Scholz hat sich dieser Reformunfähigkeit angeschlossen. Die noch im Wahlkampf angekündigten großen Umwälzungen in der Renten-, Bildungs- und Gesundheitspolitik blieben aus oder wurden so verwässert, dass ein wirklicher Wandel gar nicht stattfinden konnte.

Im Gegensatz dazu verdeutlicht die Kanzlerschaft Gerhard Schröders, wie notwendige, aber unpopuläre Reformen – wie die Agenda 2010 – zwar wirtschaftlich erfolgreich waren, jedoch die politische Karriere beendeten und parteiintern sowie gesellschaftlich Widerstände hervorriefen.

Mit einer festen Amtszeitbegrenzung auf zwei Amtsperioden könnte ein Kanzler oder auch eine gesamte Bundesregierung gezielt die jeweilige Amtszeit nutzen, um strukturelle Herausforderungen anzupacken, ohne dabei durch die Angst vor Wählerverlust gelähmt zu sein.

Das könnte Raum schaffen für langfristige Strategien und notwendige Veränderungen in zentralen Zukunftsfeldern wie der Klimapolitik, dem Rentensystem oder der Digitalisierung.

Zudem würde es das demokratische System stärken, indem es den regelmäßigen Wechsel von Führungspersönlichkeiten und Perspektiven sichert, was politische Dynamik und Erneuerung fördert. Dies sollte jedoch nicht nur für das Amt des Bundeskanzlers gelten, sondern auch für Abgeordnete. Hier könnte eine Begrenzung auf drei Legislaturperioden – also zwölf Jahre – eine sinnvolle Balance zwischen Erfahrung und Wandel schaffen.

Ein weiterer positiver Nebeneffekt dieser Amtszeitbegrenzungen wäre auch in der Entflechtung von Politik und Medien zu sehen. Viele Bürger haben den Eindruck, dass es zwischen Politik und Medien langjährige „Seilschaften" gibt. Diese beruhen oft auf der langen gemeinsamen Zeit im politischen Apparat von Berlin. Dabei sollte gerade der politische Journalismus auf Neutralität bedacht sein.

Es stellt sich überdies die Frage, wie sich eine langjährige Machtposition auf eine Person auswirkt. Am Ende geht es auch um verantwortungsvolle Führung. Wir alle wissen, wie schwierig es beispielsweise ist, als Trainer einen Bundesligaverein immer wieder zu neuen Erfolgen zu führen.

Auch für so manches Unternehmen wäre es besser, wenn der Vorstandsvorsitzende spätestens nach acht Jahren zurücktritt und die „Steuerbrücke" jemandem überlässt, der das Unternehmen mit neuen Ideen und neuen Wegen weiterentwickelt. Zu einem Zeitpunkt in diesem Prozess wird man wohl eher zum „Bewahrer" als zum „Veränderer".

Bei Spitzenpolitikern wird der Effekt des Abdriftens zur Realitätsferne über längere Amtszeiten nochmals verstärkt. Durch ein ständiges „Hofieren" und Abschirmen geht der Bezug zu den Alltagssorgen der normalen Bevölkerung über die Zeit verloren. Je länger dieser Zeitraum andauert, desto mehr entfremdet sich die verantwortliche Politik von der breiten Masse.

Die Amtszeitbegrenzung wäre eine Antwort Deutschlands aus einer reagierenden Position wieder in eine agierende Position zu kommen. Wir sind uns sicher: Der Zwang, seine politischen Positionen zu hinterfragen und zu erneuern, um die Wahl auch mit einem anderen Kanzlerkandidaten oder Abgeordneten zu gewinnen, hätte die ein oder andere Veränderung in der politischen Prägung dieses Landes gebracht.

An dieser Stelle soll nicht verschwiegen werden, dass Amtszeitbeschränkungen mit einem Verlust an Erfahrung und Kompetenz einhergehen können, insbesondere in der internationalen Diplomatie. Hier könnte ein Machtvakuum entstehen, wenn die Kontinuität durch den Wechsel der handelnden Personen nicht mehr gegeben ist.

Dennoch überwiegen aus unserer Sicht die Vorteile einer Amtszeitbegrenzung, insbesondere mit Blick auf Autokratien, wie wir sie bereits in Russland, Weißrussland und der Türkei beobachten können. Aber auch in neuen, aufstrebenden Autokratien wie Ungarn und Tunesien beobachten wir diesen Trend.

Neben der Amtszeitbegrenzung könnte auch ein besseres Timing der Landtags- und Kommunalwahlen mehr Raum für unangenehme Entscheidungen unserer Politiker schaffen. Man könnte einen Teil dieser Wahlen mit der Bundestagswahl zusammenlegen oder nach zwei Jahren in sogenannten „Half-Terms" stattfinden lassen.

Das Resultat wäre nicht nur ein besserer Überblick, wann und wo gewählt wird, sondern auch eine Entzerrung der Wahlkämpfe. Die Bürger hätten zudem eine Chance, die Bundesregierung in der Mitte ihrer Amtszeit zu bewerten, neue politische Kräfte ins Spiel zu bringen und langfristige politische Trends zu beeinflussen.

Vielleicht hätte so auch eine unangenehme, aber vielleicht richtige politische Entscheidung nicht immer einen unmittelbaren Einfluss auf die nächste Landtags- oder Kommunalwahl. Manchmal hat man den Eindruck, dass die Politiker vor lauter Wahlkämpfen gar nicht mehr zum Regieren kommen.

Regieren statt Streiten: Wie Ressortautonomie Deutschland effizienter machen könnte

Die Bundesregierung benötigt dringend klare Strukturen und eine effizientere Arbeitsweise. Abhilfe könnte hier eine sogenannte „Ressortautonomie" der Ministerien auf Bundesebene schaffen. Die einzelnen Ministerien könnten exklusive Befugnisse für ihre Ressorts erhalten und autonom agieren, solange sie den Koalitionsvertrag einhalten. In einem solchen Fall müsste dieser wiederum regelmäßig – mindestens jährlich – überprüft und an aktuelle Herausforderungen und Geschehnisse angepasst werden.

Das Kabinett dürfte sich somit nur noch um übergeordnete, ressortübergreifende Themen wie Haushalt und Außenpolitik kümmern und könnte in die individuelle politische Gestaltung des jeweiligen Ministeriums lediglich bei Abweichungen des Koalitionsvertrages, Missbrauch oder außerordentlichen Situationen eingreifen.

Eine Präzisierung des Grundgesetzes wäre hier unerlässlich. Dort müsste verankert werden, dass die Autonomie der Ministerien gestärkt und das Kollegialprinzip auf wirklich zentrale Entscheidungen begrenzt wird.

Ferner wäre eine rechtsverbindliche Verankerung des Koalitionsvertrages notwendig, um Verbindlichkeit zu schaffen und politisches Taktieren zu verhindern. Gleichzeitig müssen bürokratische Hürden weiter abgebaut und ein Monitoringsystem eingeführt werden, das Fortschritte objektiv misst.

Die Vorteile eines solchen Modells liegen auf der Hand und würden nach der gescheiterten Ampelregierung wohl vielen

Bürgern aus dem Herzen sprechen: Entscheidungen würden schneller und zielgerichteter getroffen werden, politische Verantwortung würde transparent, und koalitionsinterne Blockaden würden der Vergangenheit angehören.

Gerade vor dem Hintergrund, dass Deutschland in Zukunft möglicherweise nicht mehr nur von einer oder zwei Parteien regiert werden kann, ist es an der Zeit, die politische Arbeit an Inhalten und nicht an Machtkämpfen auszurichten. Wir befürchten, dass trotz des Scheiterns des Ampel-Experiments auch künftige Regierungen Koalitionen aus drei oder noch mehr Parteien bilden müssen. Damit besteht die große Gefahr von „Konsensbrei" oder „Basar-Deal-Making" statt sachorientierter Politik.

Es geht uns bei diesem Lösungsvorschlag nicht darum, ein Durchregieren einzelner Minister oder Regierungen zu ermöglichen. Vielmehr möchten wir Machtkämpfe verhindern und unserer Demokratie Schnelligkeit und Durchsetzungsstärke verleihen. Die Balance zwischen der Handlungsfähigkeit gewählter Regierungen in einer schnelllebigen Welt und der Umsetzung von Koalitionskompromissen in konkrete Gesetze ist unserer Ansicht nach abhandengekommen.

Unabhängig von der Ressortautonomie ist es bei den globalen und nationalen Herausforderungen umso wichtiger, dass Deutschland an der Qualität seiner Politik gemessen wird. Wie in jedem Unternehmen ist dies nur mit den besten Persönlichkeiten zu erreichen. Sie müssen auf ihrem Gebiet absolute Experten sein, um die tatsächliche beste Lösung zu finden und nachhaltig zu etablieren.

Im Deutschen Bundestag und der deutschen Politlandschaft ist jedoch ein anderes Phänomen zu beobachten. Wir nennen es den „Berufspolitiker". Und das sehen wir uns genauer an.

Der Berufspolitiker

Der Bundestag der 20. Wahlperiode zeichnet sich durch eine Vielfalt an beruflichen Hintergründen der Abgeordneten aus, jedoch mit klaren Schwerpunkten auf akademischen und öffentlichen Berufen.

Rund 15 % der Abgeordneten sind Juristen, eine Berufsgruppe, die in der Politik traditionell stark vertreten ist. Weitere häufige Berufsfelder sind Lehrkräfte (ca. 12 %), Beschäftigte im öffentlichen Dienst (ca. 10 %) sowie Personen mit Studienabschlüssen in Politikwissenschaften (ca. 9 %) oder Wirtschaftswissenschaften (ca. 8 %). Handwerkliche Berufe und technische Tätigkeiten sind hingegen mit etwa 3 % stark unterrepräsentiert, ebenso wie medizinische Berufe (ca. 2 %) und Berufe aus der Landwirtschaft (ca. 1-2 %).[68]

Ein auffälliges Merkmal ist der hohe Anteil von Abgeordneten, die direkt aus parteipolitischen Tätigkeiten oder akademischen Hintergründen kommen und keine Berufserfahrung außerhalb der Politik vorweisen können.

Insbesondere bei den Grünen ist feststellbar, dass etwa 74 % der Abgeordneten keine klassische berufliche Karriere außerhalb von Partei- oder Verbandsarbeit hatten.[69]

Uns zumindest stellt sich die Frage, warum man genau dieser Art von Politikern zutraut, den Klimawandel, die größte Herausforderung der gesamten Menschheit, zu lösen. Warum also sind diese „Karrierepolitiker" und die mangelnde Diversität ein Problem?

Die fachliche Zusammensetzung des Bundestages steht im krassen Gegensatz zu den Megatrends, die die Welt von morgen und unsere Wirtschaft prägen.

In einer zunehmend technologisierten Welt, die von Innovationen in Bereichen wie Künstlicher Intelligenz, Automatisierung, IT oder Fertigungstechnik dominiert wird, fehlt es im Bundestag massiv an Abgeordneten mit Erfahrungen und Kenntnissen in technischen und naturwissenschaftlichen Berufen.

Berufe aus den Ingenieurwissenschaften, der Informatik oder der Start-up-Welt, die die wirtschaftliche Entwicklung und den technologischen Wandel vorantreiben, sind stark unterrepräsentiert. Die Folge: Politische Entscheidungen spiegeln nicht die Bedürfnisse einer modernen und technologisch fortschrittlichen Gesellschaft wider.

Zeitgleich ist die Nachhaltigkeitsentwicklung nicht nur ein zentraler Megatrend, sondern bleibt auch unerlässlich. Diese weltweite Transformation bestimmt nicht nur, wie Wirtschaft und Politik geprägt werden, sondern auch, wie das Leben auf diesem Planeten zukünftig aussehen wird. Würde man diese Transformation aus unternehmerischer Perspektive betrachten, so würde jedes Unternehmen mit hohem Tempo die besten und höchst qualifizierten Mitarbeiter einstellen.

Mit dieser Expertise und dem Erfahrungsschatz aus der jeweiligen Branche bestehen die größten Chancen, die Dinge in den Griff zu bekommen und dann das Unternehmen wieder auf einen erfolgreichen Kurs zu führen.

Der Kontrast zwischen Wirtschaft und Politik ist in diesem Aspekt enorm.

Im Bundestag gibt es viele Abgeordnete, die sich in politischen und akademischen Kontexten mit Umwelt- und Klimathemen beschäftigen. Oft fehlt es jedoch an praktischen Erfahrungen aus der Industrie oder im Bereich nachhaltiger

Innovationen, die für eine effektive Umsetzung der Klimawende entscheidend sind.

Wir erinnern uns an die Besetzung der Grünen-Politiker, auch wenn dies kein gesondertes Problem einer einzelnen Partei zu sein scheint.

Der Mangel an praktischer Erfahrung könnte auch eine Erklärung dafür sein, warum man Probleme oft lieber über Verbote als über Technologien lösen möchte. Dadurch leidet jedoch die globale Akzeptanz. Des Öfteren wird vom „Sonderweg" Deutschlands gesprochen.

Es bleibt also fraglich, ob ein Bundestag stets die nötige fachliche Kompetenz in einem spezifischen Bereich aufweisen kann, um tatsächlich die geforderten Ergebnisse zu erzielen. Natürlich werden mit hohen Millionenbeträgen Berater und Expertengremien finanziert, welche den Abgeordneten und Ausschüssen Expertise und Analysen zur Verfügung stellen, auf deren Basis dann Entscheidungen getroffen werden können.

Letztlich könnte aber genau hier der Fehler liegen: Es entscheiden nicht die Leute, die die nötige Expertise besitzen. Diese Menschen sind und bleiben zu einem überwiegenden Teil in der freien Wirtschaft, die anständiger bezahlt ist und weniger öffentliche Angriffsfläche für Medien und damit zunehmend auch für Hass und Hetze bietet.

Welchen Rückschluss lässt dies nun auf den Beruf des Politikers zu?

Politik verstehen viele nicht mehr als „Dienst am Land und der Gesellschaft", sondern als reine Karriere. Man arbeitet sich in der Karriereleiter des Politbetriebes nach oben. Politik ist zum normalen Business geworden. Von den Jugendorganisationen, über die Kreis- und Bezirksebenen, hin zu den Landesverbänden der jeweiligen Partei, und schließlich wird die Parteitreue und das Durchhaltevermögen mit einem Mandat belohnt.

Im Gegenzug dazu orientiert sich die Wirtschaft zunehmend am agilen Denken, praxisorientierten Ansätzen, interdisziplinären Teams und Quereinsteigern, um Herausforderungen wie Klimawandel, digitale Transformation und Fachkräftemangel zu bewältigen.

Ein Bundestag, der berufliche Vielfalt stärker repräsentieren würde – insbesondere aus Bereichen wie Technologie, Handwerk, Unternehmertum und nachhaltiger Innovation – könnte vermutlich besser auf diese Megatrends reagieren und parallel eine moderne und inklusive Politik gestalten.

Hierzu müssten aber Möglichkeiten geschaffen werden, Quereinstiege in der Politik zu fördern und zu ermöglichen. Die Politik muss für Menschen attraktiv werden, die aus anderen Berufszweigen kommen und damit dem Karriereweg des Berufspolitikers eine ernsthafte Konkurrenz bieten.

Damit einhergehen könnte eine bessere Bezahlung der Abgeordneten, um den Beruf auch für Personen attraktiv zu machen, die in der freien Wirtschaft mehr verdienen. Mit über 11.000 Euro brutto gehören die Abgeordneten zu den Spitzenverdienern in diesem Land. Damit liegen sie aber immer noch weit hinter den Gehältern der Top 0,1 % in der freien Wirtschaft. Finanziell ist die Politik also kein wirklicher Anreiz für Leistungseliten.

Zudem ist es für viele Menschen jedoch schwer nachzuvollziehen, warum die Abgeordneten ihre Bezüge nicht normal versteuern und die einzige Berufsgruppe in Deutschland sind, die ihr Gehalt selbst erhöhen können. Das sorgt besonders in Krisen, wie zur Corona-Pandemie, für Unverständnis und Missgunst. Zudem besteht eine unzureichende Transparenz in einem System aus vielschichtigen Pauschalen und sonstigen Aufwendungen und Vergütungen.

Auch eine Überführung der Diäten in das normale Steuer- und Rentensystem würde Transparenz schaffen sowie den Politikern das eigene System spürbar machen, welches sie den Bürgern auferlegen. Für die Bevölkerung wäre es zudem ein Zeichen – frei nach dem Motto: „Wir sind einer von euch."

Eine Erhöhung der Bezüge könnte aber auch mit einem Bonussystem verbunden werden. So könnten z. B. Teile des Gehalts nur bei Erreichen von Zielen aus dem Koalitionsvertrag freigegeben und ausgezahlt werden. Dieses System von Leistungsanreizen könnte auf den gesamten Staatsapparat und damit auch auf das Beamtentum und den öffentlichen Dienst ausgeweitet werden.

Dieses System ist in Europa nicht neu. Wir haben etwa bereits in Kapitel *Weniger ist mehr: Der deutsche Föderalismus* erläutert, dass es bei Lehrern in Großbritannien nicht unüblich ist, dass bis zu 40 % des Gehalts an Zielvereinbarungen gekoppelt sind.

Wir sehen hier eine große Chance, die Entkoppelung von Leistung und Bezahlung in der Politik und im öffentlichen Dienst aufzubrechen, Leistungsanreize zu setzen und der Bevölkerung den Zusammenhalt zu vermitteln, den sie verdient.

Es ist doch nicht einzusehen, dass Beamte 70 % Rente bekommen, während der normale Arbeitnehmer bei 48 % Rente steht? Leisten Beamte und Politiker wirklich so viel mehr, um dies zu rechtfertigen?

Wir glauben, dass das Bewusstsein, eines Tages wieder in die normale Arbeitswelt zurückkehren zu müssen, auch manche politische Entscheidung anders ausfallen lassen würde. Außerdem gäbe es unter diesen Umständen im Bundestag mehr Raum für Veränderung, Innovation und Fortschritt. Dem empfundenen „Cocooning des Bundestages", also der Wahrnehmung der Bevölkerung, in einer eigenen Blase zu leben, könnte man mit echter Transparenz entgegenwirken. Wir möchten uns diesem Thema noch einmal speziell annähern.

Das „Berlin-Cocooning“

Erlauben Sie uns an dieser Stelle, einem ungewöhnlichen Gedankengang nachzugehen, der ein wenig im Kontrast zu der vorherigen Betrachtung unserer politischen Landschaft steht:

Warum ist die Hauptstadt der USA Washington und nicht New York? Warum ist Peking die Hauptstadt Chinas und nicht Shanghai? Warum ist Canberra die Hauptstadt von Australien und nicht Sydney oder Melbourne? Zugegeben, das hat historische Gründe und die Frage ist natürlich rein rhetorisch. Dennoch:

Mathias blickt zurück

Als ich vor dem Fall der Mauer aus Ost-Berlin über mehrere tausend Kilometer durch ganz Europa in das damalige West-Berlin geflüchtet bin, war ich als gebürtiger Berliner zwei Jahre später fast empört, dass der „Hauptstadtbeschluss“ des Deutschen Bundestages so knapp für Berlin ausfiel.

Damals stimmten 338 Abgeordnete dafür und 320 dagegen, die Hauptstadt wieder nach Berlin zu verlegen. Heute, fast 35 Jahre später, sehe ich diesen Umzug etwas differenzierter und habe mir das eine oder andere Mal fast gewünscht, die Hauptstadt wäre im beschaulicheren Bonn geblieben.

Alle Berliner mögen mir verzeihen, denn Berlin ist natürlich immer noch eine faszinierende multikulturelle Metropole, aber sie war auch immer extrem in ihren Ausprägungen, vordergründig auf der grün-linken Seite der Politik.

So wurde Berlin zwischen 2001-2011 und 2016-2023, also insgesamt rund 17 Jahre, von einer rot-grünen Linkskoalition regiert. Nur dazwischen regierte die SPD mit der CDU.

Attribute wie „arm, aber sexy" und die Betonung einer weltoffenen multikulturellen Szene, die hauptsächlich den Tourismus ankurbeln sollte, standen im Fokus der jeweiligen Regierenden. So verlor die Region nach der Wende bis heute über 300.000 Industriearbeitsplätze, was natürlich auch an der Ineffizienz des sozialistischen Systems in Ost-Berlin lag. Dennoch verlagerte sich der Schwerpunkt auf Dienstleistungen, Immobilien und Tourismus.

2020 stellte das Institut der Deutschen Wirtschaft 2020 fest, dass Berlin als Hauptstadt kein eigenes Bruttoinlandsprodukt pro Kopf produziert, sondern das BIP der Deutschen sogar um 0,2 % reduziert. Frankreich dagegen wäre ohne Paris knapp 16 % ärmer.

Dänemarks Wirtschaft würde ohne Kopenhagen um 14 % schwächer ausfallen und in Griechenland wären es sogar 19 % weniger ohne Athen.[70]

So hat sich möglicherweise in Berlin ein „Fremdfinanzierungsbewusstsein" etabliert, bei dem es das Geld immer von anderen Regionen über Umverteilung geben soll. Ob das aber das eigene Kostenbewusstsein schärft, sollte man hinterfragen dürfen.

Mit dem Regierungsumzug war wohl auch der Glaube verbunden, Berlin industriepolitisch wieder „in den Griff" zu bekommen und neu auszurichten. Tatsächlich ist das Gegenteil eingetreten. Nicht die Bundesregierungen hatten Einfluss auf Berlin, sondern Berlin hatte viel mehr Einfluss auf den Bundestag und die jeweilige Bundesregierung. Schließlich lebten die Abgeordneten nun in Berlin und konnten die „hippe Berliner Szene“ hautnah erleben.

Und so behaupten manche, dass damit ein allgemeiner Linkstrend Einzug gehalten hat, verbunden mit dem Glauben, was für Berlin richtig sei, sei auch für die gesamte Bundesrepublik richtig.

Das ist deshalb nicht trivial, weil damit nicht nur das oben beschriebene „Cocooning des Bundestages“ eingesetzt hat, sondern eben auch ein „Cocooning in Berlin“.

Viele Bürger verstehen bestimmte Grundhaltungen der Bundespolitik sowie der Hauptstadtstudios mancher Medien nicht mehr und fragen sich, in welcher Blase – in welchem Cocoon – die handelnden Personen eigentlich leben und wie realitätsfern dies vom Alltag in anderen Regionen unseres Landes ist.

5

DIE ZERRISSENE GESELLSCHAFT

Deutschland befindet sich in einem radikalen kulturellen Wandel, welchen wir in vielen Bereichen gespiegelt und zu spüren bekommen. Debatten verengen sich und wir haben das Gefühl, eine Spaltung durchsetzt das Land bei vielen verschiedenen Themen.

Im Folgenden wollen wir diesen Wandel in seinen verschiedenen Ausprägungen genauer betrachten.

Die „Kehrseite“ des Wohlstands

In den vorangegangenen Kapiteln haben wir versucht, eine rationale Herleitung für die aktuellen Probleme Deutschlands zu geben. Wir möchten im Folgenden aber auch der Frage nachgehen, wie sich diese Probleme auf die verschiedenen Formen der Kultur und des Zusammenlebens in Deutschland ausgewirkt haben.

Bei der Erarbeitung dieses Kapitels ist uns aufgefallen, dass die negative Entwicklung der verschiedenen Indikatoren nicht immer abrupt oder besonders schlecht verlaufen ist. Vielmehr haben wir festgestellt, dass verschiedene Faktoren aus dem Gleichgewicht geraten sind. Oft geschah dies eher schleichend und für uns nicht immer sichtbar.

Zudem haben wir uns der Frage gewidmet, ob sich mit dem steigenden Wohlstand in den 20 Jahren vor der Corona-Pandemie die Prioritäten und Bedürfnisse der Menschen so verschoben haben, dass sich eine „überdemokratische Konsenskultur“ gepaart mit einer übermoralischen Anspruchshaltung ausgebreitet hat.

Aber was meinen wir eigentlich mit „übermoralisch“ oder „überdemokratisch“? Kann man das überhaupt sein und falls ja, ist es negativ?

Wir glauben, dass ein Demokratieverständnis, das bei 100 verschiedenen Meinungen auch noch den Letzten überzeugen will, einen sehr integrativen Führungsstil benötigt. Dieser wirkt nicht nur langsam und zögerlich bei vielen Entscheidungen, sondern oftmals auch kraftlos. Die Politik darf also nicht nur dem Mainstream der Bürger folgen, sondern muss auch dazu in der Lage sein, eigenverantwortlich unpopuläre und manchmal unangenehme Entscheidungen zu treffen. Gegenwärtig scheint es fast so, als würden sich die Bürger vieler Nationen wieder mehr zu einem autokratischen Führungsstil hingezogen fühlen, weil sie sich gerade durch diese Zeit der Führungslosigkeit enttäuscht oder wirtschaftlich abgehängt fühlen.

Gleichzeitig drängt sich der Eindruck auf, dass mit wachsendem Wohlstand die Eigenverantwortung der Bürger abgenommen hat, während sich ein bisher in Deutschland beispielloser Wohlstandsindividualismus herausgebildet hat. Es hat eine persönliche Auslagerung von Verantwortlichkeiten an den Staat gegeben, beispielsweise in den Bereichen Gesundheit, Bildung, Rente oder Altersversorgung.

Vor der Corona-Pandemie standen ausufernde Diskussionen über Probleme von eher untergeordneter Bedeutung im Mittelpunkt des politischen und medialen Interesses. Dann hatte man das Gefühl, dass nicht nur die Betroffenen, sondern fast die ganze Gesellschaft gerettet werden wollte und damit häufig einfach in eine Opfermentalität verfiel.

Da wir nicht alle kulturellen Einflüsse untersuchen können, haben wir uns dafür entschieden, die nachfolgenden Kulturausprägungen aus der Sicht zweier Generationen zu betrachten. Wir glauben, dass diese den größten Einfluss auf das Zusammenleben in unserer Gesellschaft haben und auch am deutlichsten aus der Balance geraten sind.

Warum aber nun ein Blick aus zwei Generationen? Mathias ist Jahrgang 1964, Babyboomer, Benedikt Jahrgang 1999, Generation Z. Während die Themenfelder *Technologie*, *Wirtschaft* und *politische Landschaft* bisher faktenbasiert betrachtet wurden, stellen wir beim gesellschaftlichen Wandel Unterschiede in der Wahrnehmung fest, die stark vom Alter und den bisherigen Prägungen abhängen. Was zuvor rational diskutiert wurde, ist nun abhängig von unseren individuellen Erfahrungen, Werten und Lebenswegen.

Auch wenn die Generationen den kulturellen Wandel unserer Gesellschaft unterschiedlich wahrnehmen, sollte es oberstes Ziel sein, sich in die Perspektive des anderen hineinzuversetzen, um gegenseitiges Verständnis zu fördern. Wir sind davon überzeugt, dass ein nachhaltiger gesellschaftlicher Wandel nur generationenübergreifend, also gemeinsam, gestaltet werden kann.

Dabei werden wir nicht immer allumfassende Lösungen für unsere kulturellen Herausforderungen präsentieren können. Wir werden aber in der Gesamtbetrachtung, im Rahmen einiger generellen Thesen, Lösungsansätze anbieten, bei denen sich jeder Einzelne einbringen kann, ja vielleicht sogar muss.

Leistungskultur

Der Leistungsgedanke ist eines der zentralen Themen und wird medial viel diskutiert und als Narrativ für eine Verweigerung einer vor allem jungen Generation herangezogen. Die Leistungskultur in Deutschland hat sich in den vergangenen Jahrzehnten stark gewandelt und spiegelt den wirtschaftlichen Wandel sowie gesellschaftliche Umbrüche wider.

Nach dem Zweiten Weltkrieg war unsere Gesellschaft vom „Wirtschaftswunder" geprägt, das durch harte Arbeit, Disziplin und einen starken Wiederaufbaugeist vorangetrieben wurde. Die Nachkriegszeit etablierte eine Kultur, in der Leistung und Produktivität eng mit dem persönlichen und nationalen Erfolg verknüpft waren, aber auch mit Anerkennung und Respekt – im Freundes- und Familienkreis sowie international. Das Qualitätssiegel „Made in Germany" hätte es ohne diesen Leistungsgedanken nie gegeben.

In den Neunzigerjahren, mit der Wiedervereinigung und der zunehmenden Globalisierung, änderte sich die Arbeitswelt. Der technologische Wandel und die digitale Revolution begannen, neue Arbeitsmodelle und Branchen zu schaffen, während traditionelle Sektoren wie die klassische Industrie vor Herausforderungen standen.

Die 2000er und 2010er Jahre brachten eine neue Generation von Arbeitnehmern hervor, die den Fokus von reiner Leistung auf Work-Life-Balance verschob. Besonders die Generationen Y und Z betonen flexible Arbeitszeiten, persönliche Erfüllung und mentale Gesundheit. Etwas, was für die Babyboomer, die ihre Arbeit ausschließlich an Leistung gemessen haben, teilweise völlig unverständlich ist. Die Corona-Pandemie und die physische Entkopplung des Arbeitsplatzes durch Homeoffice und flexible Arbeitsmodelle trugen ebenfalls dazu bei, dass Arbeit und Leistung für viele Menschen heute auf andere Art definiert werden. Ob diese Veränderungen der Arbeitswelt tatsächlich den Teamgeist und das soziale Miteinander fördern, bleibt abzuwarten.

Die Leistungskultur in Deutschland zeigt also eine dynamische Veränderung, die zwischen traditioneller Arbeitsmoral und modernen Werten oszilliert. Insbesondere zwischen der Generation Z und den Babyboomern. Während wirtschaftliche Stärke und Innovation als Markenzeichen schwinden, steht die Gesellschaft vor der Herausforderung, Leistung neu zu definieren und gleichzeitig den sozialen Zusammenhalt zu fördern.

Mathias

Das Wort Leistung wurde in meiner Generation immer mit Anstrengung auf der Eingangsseite und Erfolg auf der Ausgangsseite verbunden. Die Anstrengung als Weg zum Erfolg hatte Vorrang demgegenüber, wie man sich auf diesem Weg gefühlt hat.

Das heißt, wenn man zu meiner Zeit aus der Schule kam, fragten die Eltern, wie der Tag war und welche Noten man erhalten hatte. Wenn man gute Noten nach Hause brachte, wurde man noch am selben Abend gelobt und belohnt. Heute beschleicht mich das Gefühl, dass die Kinder gefragt werden, wie sie sich in der Schule gefühlt haben, als sie ihre Fünf oder Sechs bekommen haben.

Man könnte also sagen, dass es nicht mehr darauf ankommt, was man macht, sondern *wie* man es macht und vor allem *wie man sich dabei fühlt*.

Das zeigt auch, dass ein Teil der Motivation, überhaupt noch Leistung zu erbringen, heute aus einem Lebensgefühl kommt und nicht mehr so sehr aus dem Streben nach Aufstieg oder finanzieller Absicherung, wie zu Zeiten meiner Babyboomer-Generation. Das macht die Motivation der Generation Z deutlich komplexer. Denn bestimmte Bedürfnisse meiner Generation stehen nicht mehr im Vordergrund. Sie wurden den nachfolgenden Generationen bereits in die Wiege gelegt, indem sie in einem relativ gesättigten Wohlstandsniveau aufgewachsen sind und erzogen wurden.

Mit der Sättigung des Wohlstandsniveaus verbreitete sich zunehmend ein Wohlstandsindividualismus, wie es ihn zuvor nicht gegeben hatte. Und damit wuchs die Vielfalt der Angebote, sich in anderen Lebensbereichen zu verwirklichen, als sich primär über Leistung und Arbeit zu definieren und zu etablieren.

Man denke nur an die vielen Hobbys, Vereine und Engagements außerhalb des Arbeitsalltags. Dieser teilweise exzentrische Hedonismus kann ausgelebt werden und wird vor allem von den jüngeren Generationen in besonderem Maße geschätzt und bewundert. Ein Sinnbild dafür ist der Influencer, der sich allein über die Anzahl seiner Follower definiert und eben nicht über den klassischen Leistungsgedanken.

Auch bei der Berufs-und Studienentscheidung hatten wir eine deutlich geringere Auswahl. So stellte sich für mich nie die Aufgabe, zwischen hunderten von verschiedenen Möglichkeiten zu wählen. Ich glaube, mein erstes Wort war nicht „Mama“, sondern „Auto“. Deswegen war klar, dass ich zunächst Automechaniker lernen und dann Automobiltechnik studieren werde. Ich bin meiner Zeit unheimlich dankbar dafür, dass ich mich durch ihre damaligen Gegebenheiten so früh und fokussiert auf eine Sache konzentrieren konnte.

Heute habe ich manchmal das Gefühl, dass die jungen Leute zwischen hunderten Hobbys und tausenden Studiengängen zerrieben werden und am Ende zwar sehr breit, aber nicht tief aufgestellt sind. Ganz wichtig ist mir hierbei zu betonen: Das ist keinesfalls ein Vorwurf, sondern leider ein Nebeneffekt der „Wohlstandsvielfalt" unserer Zeit.

Wir Babyboomer mussten schon als Kinder lernen, uns unterzuordnen, aber auch durchzusetzen. Denn es gab damals selten Familien mit Einzelkindern, in denen man die volle, ungeteilte Aufmerksamkeit der Eltern bekam.

Man musste sich die Aufmerksamkeit damals regelrecht verdienen. Und am besten bekam man sie eben durch Leistung und Erfolg. Damit machte man seine Familie stolz und wurde in der Gesellschaft akzeptiert. Man musste sich Anerkennung also erarbeiten und durch Anstrengung, Fleiß und Kontinuität beweisen, dass man das Zeug zum sozialen Aufstieg hatte.

Ich konnte mich sehr glücklich schätzen, einer der drei Schüler in einer Klassenstufe mit insgesamt 90 Schülern zu sein, die eine Abiturkarte bekamen. Studieren war nicht alltäglich, sondern musste sich vorher durch schulische Leistungen verdient werden. Typische Elternsprüche meiner Zeit waren: „Die Pflicht kommt vor der Kür!", oder: „Zum Erfolg muss man die Treppe nehmen und nicht den Fahrstuhl!"

Auch in der Freizeit ging es zumindest in meiner Jugend in der DDR beim Sport nicht nur um Bewegung, sondern auch um Bewährung. Dadurch lernte ich früh, dass Erfolg zu Privilegien führen kann. Natürlich blende ich hier nicht die Schattenseiten des Leistungssports in der DDR aus, aber „dabei sein“ war eben nicht alles. Es ging vor allem darum, in einem Wettbewerb Leistung zu erbringen und sich zu messen. Das war vollkommen normal und ich empfand dabei nichts Schlechtes.

Bei den Mannschaftssportarten ging es mehr um die Gruppe als um den Einzelnen. Auch hier musste man sich unterordnen, lernte aber gleichzeitig, gemeinsam zu siegen und zu verlieren und sich davon zu erholen. Heute frage ich mich manchmal, ob die Mannschaft eines professionellen Fußballklubs nur noch aus 21 „Ich-AGs“ besteht, die alle dem großen Geld hinterherrennen.

In meiner Kindheit war man schon früh dem realen Wettbewerb ausgesetzt, in dem der Bessere gegen den Schlechteren gewinnt. Oft gab es in diesen Wettbewerbssituationen auch „kein Netz über dem Boden“. Das heißt, sowohl die Gruppe als auch die Familie waren damals in ihrem Feedback sehr direkt und nicht wie heute, wo so manches Gespräch „in Watte gepackt“ wird.

Heute hingegen verbringen viele Kinder und Jugendliche mehr Zeit hinter Bildschirmen in einer Scheinwelt, aus der sie jederzeit aussteigen können, statt sich in der realen Welt im Wettbewerb auszutesten.

Trotzdem genießen sie als Einzelkind jederzeit die volle Aufmerksamkeit ihrer Eltern. Manchmal scheint es, als würden Eltern mit der Geburt ihres Kindes ihr gesamtes

Leben vollkommen auf dieses ausrichten. Das mag auch damit zu tun haben, dass Mütter und Väter heute bei der Geburt ihres ersten Kindes fast sechs Jahre älter sind (30,5 Jahre Mütter; 34,9 Jahre Väter), als gegenüber 1980 (24,9 Jahre Mütter; 28 Jahre Väter).

Leistungskultur ist etwas, was für mich mit Anstrengung, Ergebnisorientierung, Umsetzungs- und Durchhaltevermögen zu tun hat. Natürlich bringen die jüngeren Generationen auch diese Attribute mit, aber der unbedingte Wille ist damit nicht mehr verbunden. Vielmehr geht es ihnen um die Balance zwischen beruflichem und privatem Leben. Ein Ansatz, der dadurch verständlich wird, dass sie sich heute vielfältigen Möglichkeiten gegenüber sehen und oft ein gewisser „Grundwohlstand" gedeckt ist.

Trotzdem bleibe ich dabei: Es wird auf längere Sicht keinen anstrengungslosen Wohlstand für uns geben.

Benedikt

Leistungskultur, das ist ein Begriff, mit dem meine Generation etwas anfangen kann. Wir sind es leid, ständig gespiegelt zu bekommen, dass wir mehr leisten müssen und angeblich nicht verstehen, dass sich Wohlstand über Leistung und harte Arbeit definiert. Keine Sorge, wir verstehen das sehr wohl.

Wer Leistung erbringt, soll dafür auch belohnt werden. Diesen Gedanken teile ich mit Mathias und auch ich habe das Gefühl, dass dieser Leistungsanreiz verloren gegangen ist. Das hat aber nichts mit unserer Generation und einer generellen Leistungsbereitschaft zu tun. Vielmehr liegt es an den unzähligen Angeboten, die wir wahrnehmen können und die sicherlich ein Verdienst unseres Wohlstandes und damit auch der harten Arbeit früherer Generationen sind. Etwas, wofür junge Menschen dankbar sind, auch wenn sie es nicht immer kommunizieren.

Welche Ausbildung, welches Studium man wahrnehmen möchte, ob wir nach der Schule reisen wollen oder mit Mitte 20 noch einmal einen neuen Weg einschlagen – das sind Chancen, die unsere Väter und Mütter nicht hatten. Die finanziellen Möglichkeiten der Elternhäuser und unzähligen staatlichen Unterstützungen machen es möglich, Entscheidungsfreiheiten wahrzunehmen, die damals noch undenkbar waren. Ich verstehe deshalb durchaus, dass die Wahrnehmung entstehen kann, wir würden keine Leistung erbringen, wenn man dann seinen Studiengang wechselt, oder nicht mit Anfang 20 in den Job einsteigt und 40 Stunden arbeitet.

Vielleicht schwingt aber auch genau hier ein Neid der Babyboomer mit, die sich insgeheim in ihren jüngeren Jahren nichts anderes für sich selbst gewünscht hätten und sich nun nicht anders zu helfen wissen, als sich in dem Vorwurf zu verlieren, wir seien eine leistungslose und arbeitsunfähige Generation.

Diese unendlichen Möglichkeiten sind wunderschön, allerdings machen sie einem das Leben auch echt schwer. Es ist nicht einfach, sich zu entscheiden, was und wofür man Leistung erbringen möchte. Zwei Perspektiven, die sich mir hier auftun:

Wofür und für wen soll ich Leistung erbringen? Die Frage klingt vielleicht etwas salopp und naiv, ich empfinde sie aber als berechtigt. Für den Arbeitgeber, der mich nicht schätzt? Für ein Land und eine Regierung, die schon lange vergessen hat, das aus Leistung resultierende Wohlstandsversprechen zu erneuern?

Die logische Reaktion eines verständnisvollen (!) Babyboomers wäre hierauf: „Ja, dann wenigstens für dich selbst!" Aber ist das so logisch? In einem Umfeld, in dem man doch gewissermaßen alles hat, alles erreichen und machen kann, fällt es zunehmend schwer, eine intrinsische Motivation zu finden.

Eine zweite Perspektive über die Motivation hinaus ist die zunehmende Ich-Perspektive. Das ist etwas, was per se nicht nur die jungen Menschen betrifft, aber bei diesen besonders zu beobachten ist. Wir messen oft unseren Leistungsanspruch in erster Linie daran, was diese Leistung, die wir erbringen, für uns ganz persönlich bedeutet. Ein egoistischer und rein individualistischer Ansatz, der mit Sicherheit nicht immer richtig ist. Aber er wurde uns von unserem gesellschaftlichen Umfeld immerhin auch so eingebläut.

Wenn die erste Frage beim Antritt einer neuen Stelle lautet, was man dort verdient und nicht, welchen Impact man damit erzielen kann, dann ist das Verständnis von Leistung doch bereits klar. Das sind nun mal die Kehrseiten des Wohlstandes.

So unangenehm es auch ist, dies festzustellen. Aber Leistung allein aus Wohlstandswillen zieht heute bei jungen Menschen nicht mehr. Es sind übergeordnete Motive, die uns anspornen. Wir wollen einen Sinn hinter dem sehen, was wir machen und wofür wir Leistung erbringen. Das ist ein Blickwinkel auf den Leistungsgedanken, den unsere Elterngeneration uns erst ermöglicht hat.

Diesen Blickwinkel muss sie jetzt aber auch anfangen zu akzeptieren. Wir sind nicht faul, wir haben nur eine andere Ausgangslage für unsere Motivation.

Kommunikationskultur

In diesem Kapitel werden wir in einem weiten Bogen alle Aspekte ansprechen, die die heutige Kommunikationskultur in Deutschland prägen. Dazu zählen wir neben den Inhalten der Kommunikation auch die Medien, über die wir kommunizieren, sowie die aus beidem resultierende Diskussions- und Streitkultur. Natürlich würde diese Betrachtung aufgrund ihrer Vielfalt und Komplexität ein eigenes Buch füllen. Wir können daher nur einige Aspekte anreißen.

Es reicht nicht, nur die richtigen Dinge zu tun, man muss sie auch richtig kommunizieren. Im Laufe der Zeit haben sich dabei die zur Verfügung stehenden Medien zwischen Sender und Empfänger vielfältig entwickelt. Mit der Erfindung des Buchdruckes von Johannes Gutenberg um 1440 bekamen die Menschen das erste Mal die Möglichkeit, Kommunikation zu vervielfältigen.

Heute haben wir die Möglichkeit, auf Knopfdruck Millionen Empfänger zu erreichen. Gerade durch die Erfindung des Internets und der damit zusammenhängenden Entwicklung der sozialen Medien bieten sich fast endlose Möglichkeiten bei der Kommunikation und damit einhergehend auch die Risiken der Überflutung, Beeinflussung bis hin zur Verunglimpfung von uns allen.

Deshalb ist es wichtiger denn je, dass wir den bewährten Spruch des Medientheoretikers Marshall McLuhan befolgen, der sagte: „*The medium is the message!*“[71]

Das bedeutet, es ist mehr denn je nicht nur wichtig, was wir kommunizieren, sondern auch, wie wir es tun, über welches Medium wir welche Botschaft vermitteln. Mit der fast unüberschaubaren Vermehrung dieser Möglichkeiten wird es immer wichtiger, die Wahl des richtigen Mediums für unsere Botschaften zu beherrschen.

Ebenso wichtig ist es, den Inhalt unserer Botschaften richtig zu adressieren. Das bedeutet, dass wir nicht nur in der Lage sein müssen, das Wesentliche vom Unwesentlichen zu trennen, sondern auch zu verstehen, wer welche Botschaft in welcher Form erhalten muss, damit sie richtig verstanden und umgesetzt wird.

So soll es schon Briefe von Schiller an Goethe gegeben haben, in denen er sich wie folgt entschuldigte: „Mein lieber Freund. Ich muss mich heute bei Ihnen entschuldigen, denn ich hatte wenig Zeit, darum ist mein Brief so lang geworden…“

Wir alle kennen dieses Phänomen, eine Nachricht kurz und kompensatorisch verfassen zu müssen, und wissen, dass eine komplexe Nachricht in sechs Zeilen viel mehr Zeit in Anspruch nimmt, als wenn man sie einfach so unbedacht und lang niederschreibt.

Heute erleben wir eine Überflutung von Nachrichten auf Plattformen wie TikTok und Instagram, wo Nutzer nur noch kurze Sätze aufnehmen wollen. Algorithmen belohnen radikale Äußerungen und diskreditieren gemäßigte, während die Anonymität des Internets zu einer überzogenen Sprache beiträgt.

Man kann sich des Eindrucks nicht erwehren, dass trotz der immer größer werdenden Medienvielfalt immer weniger Nachrichten wirklich beim Empfänger ankommen.

Und so wird es in diesem Überangebot auch immer schwieriger, sich die Zeit und die Muße zu nehmen, Nachrichten auf ihren Faktengehalt zu überprüfen. Dabei ist genau das unglaublich wichtig, vor allem seitdem Mark Zuckerbergs Unternehmen Meta, unter dem Deckmantel der Meinungsfreiheit, nicht mehr gegen Falschaussagen auf Instagram und Facebook vorgehen möchte. Wir bewegen uns also immer mehr auf eine Welt zu, in der nicht mehr Fakten Meinungen bilden, sondern umgekehrt Meinungen Fakten schaffen.

Mathias

Für mich ist Kommunikation immer ein Prozess des Sendens und Empfangens von Nachrichten oder Botschaften. Bei Missverständnissen wird häufig viel zu schnell dem Empfänger die Schuld gegeben. Ihm wird dann vorgeworfen, er habe eine Botschaft nicht richtig verstanden, aber eigentlich hat der Sender eine „Bringschuld" in diesem Prozess.

Für eine gut funktionierende Kommunikation wäre es also ideal, wenn die gesendeten Botschaften schnell und verständlich beim Empfänger ankommen. In früheren Zeiten der direkten Kommunikation war das einfacher. Dafür gelang es nicht immer effizient, eine Botschaft möglichst vielen Menschen gleichzeitig zu übermitteln.

Heute bieten verschiedene Medien nahezu unbegrenzte Möglichkeiten der gleichzeitigen Kommunikation, und doch hat man oft das Gefühl, dass die Botschaften entweder nicht ankommen oder sich „Fake News" etablieren.

Zudem sind die Besitzer dieser Medien und Plattformen sehr einflussreich geworden, denn wer die Informationen hat, hat auch die Macht! Diese Konzentration, diese Informationsmacht, halte ich für problematisch, insbesondere dann, wenn damit nicht nur Profit gemacht wird, sondern wenn die Eigentümer sich ihrer Verantwortung gegenüber der Gesellschaft nicht bewusst sind.

Und so ist zu beobachten, dass die sozialen Medien und Plattformen immer mehr „frei drehen". Somit besteht die Gefahr, dass sich, unter dem Deckmantel der Meinungsfreiheit, die Sprache und der Umgang in den sozialen Medien weiter radikalisiert. Dabei fördern zunehmend einige Plattformen diese „Spracheskalation" über ihre Algorithmen.

Aber auch die Anonymität des Netzes, gepaart mit Algorithmen, die radikalen Formulierungen mehr Reichweite verschaffen, lassen die Kommunikation immer polarisierter, ja, verrohter erscheinen. Da kann es schon mal unter die Gürtellinie gehen, ohne dass es Konsequenzen hat.

Das hat unweigerlich Auswirkungen auf unsere Debattenkultur. Es gibt kein Zuhören und keine Ausreden mehr, kein „sowohl als auch". Es wird immer schwieriger, Gegensätze und Meinungsverschiedenheiten ohne persönliche Anfeindungen und Beleidigungen auszutragen und auf der Sachebene zu bleiben.

Manchmal wartet man geradezu auf Frontalangriffe, bei denen es nur noch „schwarz oder weiß", „links oder rechts", „dafür oder dagegen" gibt. Man könnte fast vom Entstehen einer „Erregungskultur" sprechen, obwohl es sich in deren Kern um lösbare, manchmal sogar triviale, Probleme handelt.

Trotzdem bleibt die eigentliche Lösung des Problems versperrt, weil die Positionen festgefahren sind, weil es mehr um den eigenen Glanz als um die Sache selbst geht. Es ist mitunter schwer zu ertragen, wie wenig Sachkompetenz, aber dafür umso mehr Emotionen, diese Debatten prägen.

Darüber hinaus ergötzen wir uns daran, als Dritte an diesen Auseinandersetzungen medial teilhaben zu dürfen. Denken Sie nur an die vielen TV-Formate, die ausschließlich auf diesem Prinzip beruhen und die es über die letzten zehn Jahre in die Primetime geschafft haben.

Hier finde ich es auch interessant, dass der „Normalo", also der normal arbeitende Mensch aus der Mittelschicht, in diesen Sendungen kaum noch vorkommt, da sich die Formate zunehmend um die extremen Randgruppen unserer Gesellschaft drehen. Ob „Hartz oder Herzlich" oder „Die Geissens – eine schrecklich glamouröse Familie", es dreht sich immer um die extremen Seiten unserer Gesellschaft.

Vielleicht sind diese Unterhaltungsformate aber auch Ausdruck einer Wohlstandsgesellschaft, die nicht mehr so richtig weiß, was die wirklichen Probleme unseres Lebens sind. Ich mache dann immer für mich den sogenannten „Trümmerfrauen-Test":

Stellen Sie sich ein Problem vor, das Sie völlig verunsichert und nicht loslässt. Was hätte wohl die Trümmerfrau von 1946, die das Land nach dem Krieg mit eigenen Händen wiederaufgebaut hat, dazu gesagt? Hätte sie gelacht und Sie für verrückt erklärt oder gesagt: „Kümmert euch um die wichtigen Dinge im Leben, nicht um solche Nebensächlichkeiten! Ich habe das Land nicht wiederaufgebaut, damit ihr euch mit solchen Problemen beschäftigt!"

Zugegeben, das ist vielleicht ein harter Vergleich, aber er holt mich jedes Mal wieder ein wenig auf den Boden der Tatsachen zurück.

Natürlich schaffen es die Medien auch aus Meinungen Fakten zu bilden, wenn wir zum Beispiel an den Betrugsskandal von VW denken. Bis heute ist schwer zu verstehen, wie daraus überhaupt ein Dieselskandal wurde.

Die Technologie hatte bis dahin ihre Daseinsberechtigung und wird heute noch weltweit geschätzt und sogar weiter ausgebaut. Warum lässt sich also nicht einfach von einem „Betrugsskandal" sprechen – das entspricht exakt dem, was VW getan hat: Sie haben betrogen.

Somit stellt sich die Frage, wieso sich das Wording des Dieselskandals medial so gefestigt und verbreitet hat und insbesondere, wer die industriepolitischen Profiteure daraus sind.

Was mir aber zunehmend aufstößt, ist die Tatsache, dass wir der sozialen Medienlandschaft zwar auf der einen Seite immer toleranter gegenüber stehen, dafür aber auf der anderen Seite anscheinend immer zensierterer öffentlich-rechtlicher Meinungsbildung ausgeliefert sind. Ich weiß nicht, ob es am „Berlin-Cocooning" oder an den langen politischen Seilschaften mit dem Journalismus in unserer Hauptstadt liegt.

Ich werde den Eindruck nicht los, manchmal wieder vor der „Aktuellen Kamera" aus meiner Jugend zu sitzen, wenn ich die „Tagesschau" oder „ZDF heute" schaue.

Da wird dann schon mal der Wetterbericht zum Untergangsreport aufgrund des Klimawandels. Mal ist es zu heiß, zu trocken, zu nass oder zu „was auch immer", aber es liegt immer am Klimawandel.

Nach einer Sonntagsumfrage unter angehenden ARD-Volontären im Jahr 2020, die zu Journalisten ausgebildet wurden, gaben über 92 % der Befragten an, dass sie SPD, Linke oder Grüne wählen, wobei sich 57 % der Volontäre auf die Grünen konzentrierten. So richtig ausgewogen ist das für einen öffentlich-rechtlichen Sender nicht.

Auch die Gesichter bestimmter Tätergruppen werden verpixelt, oder es wird verschwiegen, wo der neu entflammte Antisemitismus in Deutschland wirklich herkommt. Ich finde, es ist ein öffentlich-rechtlicher Medienauftrag, gerade gegenüber den privaten Sendern, wertneutral und den Querschnitt der Bevölkerung respektierend aufzudecken und zu berichten, auch wenn das manchmal der politischen Ausrichtung des einen oder anderen Redakteurs oder Fernsehrates widerspricht!

Ich glaube, dass Menschen, die wie ich im sozialistischen Osten mit dieser Zensur der Medien groß geworden sind, ein ausgeprägtes Gespür dafür entwickelt haben, was neutral ist und was nicht. Ich sehe in den deutlich höheren Wahlergebnissen der politischen Ränder in den neuen Bundesländern auch einen Ausdruck des Protestes gegen eine derartige Berichterstattung, weil sie einen manchmal an die DDR erinnert.

Immer nur zu behaupten, die Menschen dort wären ohnehin radikal oder wirtschaftlich abgehängt und wählen deshalb die Linken oder AfD, ist mir persönlich zu einfach.

Benedikt

Vergleiche ich die Kommunikationskultur der Menschen meines Alters mit der von Mathias, so kann man durchaus behaupten, dass wir anders kommunizieren. Aber ist das schlecht? Ich denke nicht. Heiße ich alle Entwicklungen gut? Mit Sicherheit nicht. Das ist aber nun einmal der Wandel der Zeit, der ab einem Punkt auch unsere Generation überholen wird.

Unsere Kommunikation ist geprägt von den technologischen Errungenschaften der letzten Jahre und besonders im Hinblick auf die Nutzung von Social-Media grundsätzlich anders. Die Verknappung von Inhalten und das Zuspitzen von Nachrichten sind eine Folge der technischen Möglichkeiten, die auch zunehmend in die offline Kommunikation übernommen wurde.

Ich beobachte somit zunehmend, dass meine Generation und die nachkommende Generation Alpha massive Probleme haben, zum Telefon zu greifen und mit jemandem zu sprechen. In meinem Start-up war es ein riesiges Problem, dass Mitarbeiter nicht mehr dazu in der Lage waren, eine zwischenmenschliche Kommunikation am Telefon zu führen. Ich denke, das Problem daran ist, dass man – ganz im Gegensatz zu WhatsApp und Co. – direkt auf das Gesagte des Gegenübers antworten muss.

Es entsteht also eine Konversation, bei der man unmittelbar dazu gezwungen ist, zu reagieren. Etwas, das in den sozialen Medien und bei anderen Arten von Textnachrichten nicht der Fall ist. Hier kann man über das Gesagte nachdenken, es korrigieren oder notfalls sogar von einer KI schreiben lassen.

Das Zwischenmenschliche geht dadurch jedoch verloren, genauso wie die Kompetenz, einen Dialog mit all seinen enthaltenen Gefühlen zu führen. Eine bedauernswerte Entwicklung einer Gesellschaft, die genau davon lebt.

Hier kann man sich etwas von den „Älteren" abschauen. Die Fähigkeit, zum Telefon zu greifen oder unangenehme Gespräche persönlich und nicht über eine Textnachricht zu führen, geht leider verloren.

Außerdem ein paar Sätze zu den sozialen Medien: Die Vorteile und Möglichkeiten, sich global zu vernetzen, liegen auf der Hand und dennoch bin ich davon überzeugt, dass dieser Kulturwandel ein Fluch ist. Das sage ich, obwohl ich selbst in diversen Netzwerken und Medien aktiv bin.

Ich nehme immer mehr junge Menschen wahr, deren Leben sich zunehmend von der Realität entfernt, weil es sich mehr und mehr in die digitale Welt verlagert. Die Angst, etwas bei Instagram, TikTok oder Snapchat zu verpassen, wird immer größer, weshalb mehr und mehr das Handy gecheckt wird. Wer im Schnitt mehr als 70 Stunden die Woche online ist, darf sich also nicht wundern, wenn man im realen Leben Schwierigkeiten hat, sozial zu interagieren oder eine Kommunikation auf Augenhöhe zu führen.[72]

Vielleicht trägt auch das aktuelle Verbot der australischen Regierung für Kinder und Jugendliche unter 16 Jahren, soziale Medien zu nutzen, dazu bei, junge Menschen wieder in die Realität zurückzuholen. Weitere Vorteile dieser Einschränkung sind der Schutz der psychischen Gesundheit, die Verringerung von Online-Risiken wie Cyber-Mobbing und schädlichen Inhalten sowie eine bessere elterliche Kontrolle. Zudem sollen Minderjährige vor Datenmissbrauch durch Plattformen geschützt und ein internationales Zeichen für eine strengere Regulierung gesetzt werden.

Eine Debatte, die wir gerade wegen der bereits beschriebenen Radikalisierung der Algorithmen vielleicht auch bei uns führen sollten. Das Abdriften in die digitale Welt führt auch dazu, dass die dort herrschende „Erregungskultur" nicht nur zum Standard der Kommunikation wird, sondern auch, wie das Leben generell wahrgenommen wird. Social Media hat die Aufmerksamkeitsspanne ganzer Generationen verändert. Einen Daumenwisch kann die ganze Emotionslage innerhalb Sekunden verändern.

Demokratiekultur

Wie wir Demokratie leben und verstehen, spiegelt sich in der Entwicklung der Parteienlandschaft Deutschlands wider. Diese ist eine Geschichte von Wandel, Krisen und Anpassung – und ein Spiegel der Gesellschaft selbst. Nach dem Zweiten Weltkrieg standen die westlichen Besatzungszonen vor der Aufgabe, ein demokratisches System aus den Trümmern der Hitler-Diktatur neu aufzubauen.

Die Jahre nach 1945 waren geprägt von einer Konsolidierung: CDU/CSU, SPD und FDP etablierten sich schnell als die prägenden Kräfte. Während die Union christlich-konservative Werte vertrat und die SPD die Interessen der Arbeiterklasse aufgriff, positionierte sich die FDP als Stimme des Liberalismus. Es war eine überschaubare Parteienlandschaft, geprägt von Stabilität und Kompromiss.

Die Achzigerjahre brachten einen Wandel: Mit der Gründung der Grünen trat erstmals eine Partei auf die Bühne, die Umwelt- und Gesellschaftsthemen radikal neu dachte. Eine junge, aufbegehrende Bewegung, die den politischen Diskurs veränderte und die Starrheit des bisherigen Systems durchbrach. Die Grünen waren die Antwort auf eine Gesellschaft im Umbruch. Friedensbewegung, Atomkraftdebatten und ein wachsendes Bewusstsein für Umweltfragen wurden so en vogue.

Die Integration Ostdeutschlands in das westdeutsche Parteiensystem brachte neue Dynamiken mit sich. Die SED, die frühere Einheitspartei der DDR, wurde zur PDS, später zu den Linken und das Bündnis 90 schloss sich mit den Grünen im Westen zum Bündnis 90/Die Grünen zusammen. Die Linke repräsentiert fortan nicht nur sozialistische Ideale, sondern auch die Stimmen vieler Ostdeutscher, die sich nach der Wende politisch entwurzelt fühlten. Gleichzeitig mussten CDU, SPD und FDP lernen, mit einer neuen Wählerschaft umzugehen, die von anderen Erfahrungen und Erwartungen geprägt war.

Die 2000er-Jahre läuteten dann das Ende der großen Volksparteien ein. Die Wähler wurden mobiler, die Bindung an Parteien schwächer. Themen wurden wichtiger als Ideologien. Mit der Gründung der AfD 2013 kam schließlich ein Akteur ins Spiel, der das System erneut aufrüttelte. Anfangs als europakritische Protestpartei gegründet, entwickelte sie sich schnell zu einer neuen rechten Kraft, die vorrangig in Ostdeutschland Erfolge feierte.

Heute ist die Parteienlandschaft fragmentiert. Wo einst drei Parteien das politische Geschehen dominierten, ringen heute sechs, manchmal sogar mehr, um Einfluss. CDU und SPD haben ihre Stellung als unangefochtene Volksparteien verloren. Die Grünen sind längst in der Mitte der Gesellschaft angekommen, während sich die FDP mal als Regierungs-, mal als Oppositionskraft positioniert. Die Linke kämpft um ihre Existenz, die AfD polarisiert die Republik und das immer noch neue Bündnis Sahra Wagenknecht (BSW) landet ohne wirkliche Agenda abrupt in drei Landtagen.

Es zeigt sich: Die Parteienlandschaft folgt den Menschen. Sie ist so divers, individualistisch und gespalten wie die Gesellschaft selbst. Themen wie der Klimawandel, die Digitalisierung, die Migration oder internationale Krisen schaffen neue Bruchlinien – nicht nur zwischen den Parteien, sondern auch in den Köpfen der Wähler.

Die Versteifung und Identifizierung über einzelne Schlüsselthemen jeder Partei spiegelt genau wider, was die Menschen jeweils für sich persönlich am meisten beschäftigt und quält. Es geht um ein persönliches Gefühl, um das, was jedem am meisten nützt.

Die Politik ist kein Ort der großen Kompromisse mehr, sondern ein Schlachtfeld der Überzeugungen. Und die größte Erkenntnis ist vielleicht, dass die Parteienlandschaft von gestern nicht die von morgen sein wird. Veränderung bleibt die einzige Konstante. Diese Veränderung der Parteienlandschaft – von Stabilität und Kompromiss, hin zu einem offenen Kampf der Überzeugungen vieler Parteien – hat zu einer schieren endlosen Anzahl an Wahlmöglichkeiten für die Bürger geführt.

Diese „Überdemokratisierung", im Sinne der Entscheidungsvielfalt auf dem Wahlzettel könnte neben dem Ausdruck der gesellschaftlichen Vielfalt, aber genau das Gegenteil bewirken: die Spaltung einer Gesellschaft und weniger politische Effizienz.

Koalitionen und damit demokratische Mehrheiten werden immer schwieriger zu bilden angesichts einer Wählerschaft, in der jeder sich selbst stets als oberste Entscheidungsmaxime sieht. Hinzu kommen Parteien, die jede Entscheidung ihrem politischen Idealismus unterordnen, aus Angst, ihre Wählerschaft zu verlieren, und damit das „große Ganze" aus den Augen verlieren.

Abschließend bleibt eine Frage: Wie können wir es schaffen, trotz der fortschreitenden Fragmentierung der Parteienlandschaft und der zunehmenden Individualisierung, zukünftig eine neue Demokratiekultur zu leben? Und wie gelingt es uns, eine gesellschaftliche Akzeptanz zu schaffen, ein Miteinander zu fördern und sich dem Erstarken autokratischer Forderungen zu widersetzen?

Mathias

Die Demokratie ist für mich zweifellos eine der größten Errungenschaften, die mir nach der Flucht aus einer Diktatur endlich ein freies berufliches und privates Leben ermöglicht hat.

Oft denke ich auch an die Generation meiner Eltern, die dieses Glück nicht mehr hatten. Sie sind im Faschismus aufgewachsen und mussten sich nach der stalinistischen Nachkriegszeit Ostdeutschlands Erich Honecker unterordnen. Die Hoffnung der Nachkriegsjahre, etwas Neues, Gerechtes und Faires aufzubauen, schwand mit jedem Jahr des Sozialismus und endete schließlich in resignierender Enttäuschung.

So bin ich ein echter Befürworter der Demokratie, die gerade für meine Generation mit der Wende 1989 zum richtigen Zeitpunkt kam. Viele meiner Freunde und Bekannten konnten sich danach das aufbauen, wovon sie immer geträumt hatten.

Nach diesen Jahren des Aufbruchs ist ein Wohlstand entstanden, der den Individualismus von uns allen weiter in den Vordergrund rückte. Damit einher ging eine zunehmende Zersplitterung der politischen Landschaft mit ihren unterschiedlichen Anhängerschaften.

Derzeit kämpfen über 30 Parteien um den Einzug in den Bundestag. Darunter beispielsweise Parteien, wie „CSC – Cannabis Social Club“ oder die „V-Partei – Partei für Veränderung, Vegetarier und Veganer“.

Der Begriff „Demokratie“ wurde in meiner Generation anders verstanden. Wenn meine Klassenlehrerin für einen anstehenden Wandertag zwei Orte zur Auswahl stellte und sich von 30 Schülern 16 für einen entschieden, dann war klar, wo es hinging. Ihr Demokratieverständnis war eben, dass eine Mehrheit einer Minderheit vorschreibt, wo es lang geht.

Heute würde die Klassenlehrerin versuchen, die anderen 14 Schüler von diesem Ort zu überzeugen. Am Ende würde sie vielleicht einen dritten Ort wählen, um so einen „demokratischen Konsens" zu finden und auch den Letzten motiviert und überzeugt zu haben.

Aber ist das Demokratie? Das klingt für uns eher wie eine Art von „Überdemokratie", in der wir versuchen, jeden von einer Lösung zu überzeugen, damit er sich gut dabei fühlt, bis zu einem Punkt, an dem ein einziges Individuum möglicherweise ein gemeinschaftliches Ziel aller blockieren kann.

Ich war in meinem Leben beruflich viel in Asien und insbesondere in China unterwegs und wurde dort im Jahr 2020 von einem klugen Mann mit folgender Frage konfrontiert:

Mathias blickt zurück

Würden Sie in ein Unternehmen investieren, in dem es 27 Anteilseigner gibt und in dem die Anteilseigner mit 2 % genauso viel zu sagen haben wie die mit 20 % oder mehr? Ich antwortete natürlich mit einem klaren Nein. Sofort zog er das Konstrukt der Europäischen Union als „Argumentationshilfe" heran und fügte hinzu: „Bei uns in China zählt eben die Gruppe viel mehr als das Individuum.

Das ist seit tausenden Jahren auch so in unserer Kultur verankert. Somit muss sich das Individuum einer mehrheitlichen Meinung der Gruppe unterordnen. Sie in Europa fühlen sich bei Ihren Entscheidungen gut, benötigen aber Ewigkeiten, bis Sie zu einem Konsens kommen, der nicht immer die bessere Lösung sein muss, sondern 'demokratisch ausgehandelt' wird. So laufen Sie Gefahr, dass der eigentliche Inhalt, also die Sache, um die es geht, aus dem Fokus gerät, weil 'das gute Gefühl, alle dabei zu haben' im Vordergrund steht."

Er nannte mir auch sofort ein konkretes Beispiel: „Während sie in der EU-Kommission hin und her diskutiert haben, ob der Bahnbereich von Siemens und Alstom fusionieren darf, haben wir uns weiter fokussiert und konsequent unser Schnellbahnnetz in China zum größten der Welt ausgebaut. Ging es dabei im Einigungsprozess mit den Menschen, die eine Immobilie auf der zu bebauenden Strecke besitzen, immer fair zu? Wahrscheinlich nicht.

Vor den Olympischen Spielen 2008 in Peking wussten wir nicht einmal, wie eine Schnellbahn funktioniert. Heute, zwölf Jahre später, haben wir in China über 30.000 km Schnellbahnstrecken gebaut und unsere Bürgerinnen und Bürger legen die 1.318 km lange Strecke Peking-Shanghai sauber und nachhaltig in 4:18 Stunden zurück.

Jährlich fahren über 200 Millionen Menschen auf dieser Strecke, das sind durchschnittlich über 500.000 pro Tag. Wir sind besonders stolz darauf, dass die schnellsten Züge nicht mehr von Siemens und Alstom kommen, sondern in China entwickelt und gebaut werden."

Liebe Leser, bitte verstehen Sie mich hier nicht falsch. Natürlich heiligt der Zweck nicht die Mittel, und es ist wichtig, dass wir unser historisch hart erkämpftes demokratisches Grundverständnis bewahren und wenn nötig auch verteidigen.

Gleichzeitig müssen wir aber wieder eine Balance finden, in der wir handlungsfähig bleiben, in der die Sache einer anstehenden Entscheidung im Vordergrund steht und nicht nur das gute Gefühl während des langwierigen Entscheidungsprozesses.

Wenn wir global wettbewerbsfähig bleiben wollen, müssen wir akzeptieren, dass andere Kulturen jenseits unseres Demokratieverständnisses anders entscheiden und dabei in vielen Bereichen wirtschaftlich schneller sind als wir.

Ich bin der Meinung, dass die Politik wieder ein handelndes Führungsorgan werden muss und nicht zu einem hin und her debattierenden „parteipolitischen Zirkel der Untätigen" verkommen darf. Die Bürger, die mit ihren Steuern und Abgaben die Politiker bezahlen, wollen Taten sehen, gepaart mit Mut zur Veränderung!

Ich bin davon überzeugt, dass die Menschen dann auch wieder bereit wären, die eine oder andere persönlich unangenehme Entscheidung mitzutragen. Vor allem dann, wenn der Nutzen für die gesamte Gemeinschaft klar kommuniziert und verstanden wird.

Darin sehe ich auch die einzige Möglichkeit, die weitere Ausbreitung autokratisch geführter Systeme zu verhindern, die zwar „das Versprechen der Tat statt des Wortes" einlösen, dabei aber nicht zum Wohle der gesamten Gesellschaft, sondern nur zu ihrem eigenen Vorteil handeln. Am Beispiel der USA kann man aktuell erleben, wie schnell das gehen kann!

Wenn wir nicht aufpassen, überlassen wir diesen „Heilsbringern“ immer mehr politischen Raum! Sie übernehmen die politische Führung, nur weil sie versprechen „aufzuräumen“, was ihrer Meinung nach im „demokratischen Konsensbrei“ liegen geblieben ist. Ich frage mich, warum unsere derzeitige politische Führung nicht selbst aufräumen kann.

Aber auch wir, die Bürger dieses Landes, müssen wieder mehr Eigenverantwortung übernehmen und nicht nur alle vier Jahre zur Wahl gehen, sondern uns wieder mehr in die Politik einmischen. Und das nicht nur am Stammtisch.

Treten wir in den Dialog mit den Abgeordneten, die wir vor Ort oder im Bundestag gewählt haben! Hinterfragen wir, wofür unsere Steuergelder ausgegeben werden! Setzen wir uns dafür ein, dass die Politik nicht nur redet, sondern auch handelt!

Gerade die jüngeren Generationen müssen doch ein Interesse daran haben, dass unsere bisherige deutsche Erfolgsgeschichte in einem fortschrittlichen Europa weitergeschrieben wird, oder? Ich sehe jedenfalls dazu keine Alternative.

Wenn wir dem derzeitigen Trend nach mehr Autokratie entgegentreten wollen, muss die Politik wieder mit Taten und nicht mit Worten konkrete Ergebnisse und Verbesserungen bei den Bürgern abliefern. Daran wird die Demokratie im Wettbewerb mit der Autokratie gemessen, denn der Bürger hat ein Recht darauf, sich seine eigene Meinung zu bilden. Er wird diese Meinung vordergründig davon abhängig machen, wie es ihm persönlich wirtschaftlich, aber auch „gefühlt freiheitlich“ geht.

Benedikt

Ich stelle einen zunehmenden Vertrauensverlust in unsere Demokratie fest. Das ist eine Entwicklung, die insbesondere junge Menschen in Deutschland beunruhigt. Insofern stimme ich Mathias zu, dass gerade meine Generation großes Interesse daran haben sollte, eine demokratische Kultur zu entwickeln, die ein starkes und zukunftsfähiges Deutschland und Europa ermöglicht.

Allerdings ist es schwierig, Vertrauen in ein demokratisches System zurückzugewinnen, wenn uns die Vorgängergenerationen dieses an allen Ecken und Enden brennend hinterlassen haben.

Der Reformstau ist erdrückend und das Ergebnis jahrelanger Versäumnisse. Wir sprechen nicht von einzelnen Krisen, sondern von grundlegenden Strukturproblemen, die unser demokratisches System gefährden.

Bei allem Wohlstand, den uns die vorherigen Generationen und speziell die Babyboomer beschert haben, müssen sie sich diesen Vorwurf gefallen lassen. Sie haben uns ein kaputtes System hinterlassen, mit dem wir jetzt umgehen müssen – kein fairer Generationenvertrag.

Es ist ein wenig so, als hätte man lange in einem Restaurant gut gegessen und gefeiert, wäre dann vom Tisch aufgestanden und hätte die Rechnung einfach nicht bezahlt.

Demokratie zu leben bedeutet zwangsläufig, dass eine Mehrheit einer Minderheit vorschreibt, was passiert, welche Gesetze verabschiedet werden und welche nicht. Mitbestimmung und Mehrheitsbildung sind Grundideen eines demokratischen Systems.

Demokratie bedeutet für mich aber auch, eine Minderheit nicht zu vernachlässigen oder gar im Regen stehenzulassen. Das widerspricht der Vorstellung von Mathias, dass sich eine Minderheit immer der Mehrheit beugen muss. Das klingt für mich überholt und nicht mehr zeitgemäß.

Formen der direkten Demokratie, also Bürgerentscheide auf kommunaler Ebene oder Volksabstimmungen auf Bundesebene könnten dazu beitragen, dass sich auch eine Minderheit gehört fühlt und gerade Randgruppen nicht das Gefühl entwickeln, nur alle vier Jahre ein Kreuz auf dem Wahlzettel machen zu dürfen.

Aber auch meine Generation wählt immer individualistischer und hat zur Zersplitterung der Parteienlandschaft beigetragen. Wo ich eben einen Vorwurf an frühere Generationen gerichtet habe, muss sich auch meine Generation den Vorwurf gefallen lassen, dass sie die Demokratie in ihrem Kern scheinbar nicht voll durchdrungen hat. Junge Menschen haben nie andere, vor allem autokratische Systeme und Regierungsformen erlebt. Insofern ist Demokratie für viele in Deutschland eine Selbstverständlichkeit. In dieser Selbstverständlichkeit sehe ich eine große Gefahr. Viele junge Menschen mussten nie für die Demokratie kämpfen und sich für sie aufopfern.

Und wenn die Dinge nicht so laufen, wie man es sich wünscht, dann fordert man bekanntlich genau das, was man nicht hat. In diesem Fall mehr Autokratie. Eine Reform der Demokratie, wie sie schon im Kapitel der politischen Landschaft beschrieben wurde, könnte zeigen, wie stark ein demokratisches System doch sein kann. Die hieraus neu gewonnene Effizienz und Durchsetzungskraft könnten uns das abhandengekommene Vertrauen zurückgeben und auch aufzeigen, wie viel Spaß demokratische Prozesse machen können.

Genau auf diesem Weg müssen die erfahrenen Generationen unserer Gesellschaft uns Jüngere unterstützen und begleiten. Sie sollten Verantwortung übernehmen, vergangene Versäumnisse aufarbeiten und gemeinsam mit uns die Demokratie reformieren und stärken.

Schließlich muss die „Rechnung aus dem Restaurant“ noch bezahlt werden.

Integrationskultur

Beschäftigen wir uns nachfolgend mit einer weiteren Ausprägung des kulturellen Daseins unserer Gesellschaft: der Integration. Hier möchten wir betonen, dass wir nicht von einer reinen Integrationspolitik sprechen, sondern von der Gesamtheit der gesellschaftlichen, politischen und kulturellen Praktiken, Werte und Strukturen, die darauf abzielen, Menschen mit unterschiedlichen ethnischen, kulturellen oder religiösen Hintergründen in eine Gesellschaft einzubinden. Dies schließt auch unsere nationale Ost-/West-Integration mit ein.

Eine Integrationskultur beschreibt für uns den Umgang eines Landes mit Diversität und den Prozessen, die Integration letztendlich ermöglichen oder erschweren.

Deutschlands Integrationskultur ist eng mit seiner Migrationsgeschichte verbunden. In den Sechziger- und Siebzigerjahren kamen Millionen Gastarbeiter nach Deutschland, insbesondere aus der Türkei, Italien und Griechenland. Damals verstand sich die Bundesrepublik nicht als Einwanderungsland, sondern als ein Land, welches diese Menschen mit einem klaren Ziel ansprach und umwarb, nämlich als Arbeitskräfte für den Bergbau. Was fehlte, waren langfristige Integrationsstrategien, da man davon ausging, dass diese Menschen das Land ab einem gewissen Zeitpunkt wieder verlassen würden.

Die Flüchtlingskrise 2015 stellte die deutsche Gesellschaft vor eine beispiellose Herausforderung. Über eine Million Menschen suchten Schutz und wurden aufgenommen. Aus einem „Wir schaffen das!“ und einer warmherzigen Willkommenskultur – wir alle erinnern uns an die Szenen, als hunderte applaudierende Menschen in München auf die ersten Züge warteten – wurde ein Gefühl der Abneigung. Und das binnen weniger als zehn Jahren. Migranten werden pauschal als kriminell, Sozialtouristen und nicht integrierbar abgetan. Dieser radikale kulturelle Wandel ist erschreckend und treibt unsere Gesellschaft auseinander.

Der zukünftige Wille und die Kompetenz unserer Gesellschaft, wie wir die Integrationskultur leben, wird entscheidend für unseren Erfolg als gesamtes Land. Fest steht: Wir brauchen nicht nur dringend eine erfolgreiche Integration in den Arbeitsmarkt, um den Fachkräftemangel zu mildern und die Sozialsysteme zu stabilisieren. Ebenso entscheidend ist, dass wir als Gesellschaft einen gemeinsamen Weg finden, um mit den Menschen umzugehen, die bereits in Deutschland leben.

Mathias

Historisch gesehen war ich auch ein Geflüchteter, denn ich bin damals vor der Wende von Ost- nach West-Berlin geflohen. Bis heute ist die Integration zwischen Ost- und Westdeutschland wohl noch nicht ganz abgeschlossen. Wenn also schon Menschen gleicher Nationalität Schwierigkeiten haben, zueinanderzufinden, wie soll dann die Integration von Menschen aus anderen Kulturkreisen funktionieren?

Wahrscheinlich liegt hier einer der Gründe, warum sich Deutschland mit der Integration immer schwerer tut.

Erstens ist es die schiere Anzahl der Flüchtlinge, die uns seit 2015 mit dem Syrien-Konflikt bis heute mit dem Ukraine-Krieg überfordert. Zweitens kommen immer mehr Menschen ins Land, die nicht ein einem europäischen Kulturkreis aufgewachsen sind und entsprechend erzogen wurden, sondern ihr ganz eigenes Wertesystem mitbringen. Drittens scheint uns eines Tages die Differenzierung zwischen integrierbaren und nicht integrierbaren Zuwanderern verloren gegangen zu sein, weil wir einfach zu wenige Asylbewerber und Geflüchtete in unsere Sprache und in unseren Arbeitsmarkt überführen konnten. Noch heute sind ca. 36 % der 2015 zugewanderten Flüchtlinge erwerbslos.

Aber für mich gibt es keine Alternative zur Integration über Arbeit und Sprache. Sonst entstehen Parallelwelten wie die Clans in Berlin oder die Vorstadt-Ghettos von Paris. Ich erinnere mich immer gern an die vielen ausländischen Mitarbeiter in meinen deutschen Werken, als ich noch für die Zulieferindustrie tätig war. Gerade wenn die türkischen Mitarbeiter, die sich schon seit Jahren in Deutschland über die Arbeit integriert hatten, zu Schichtleitern und Meistern weitergebildet wurden, wusste man, dass unter ihrer Verantwortung alles läuft.

Mathias blickt zurück

Ich habe mal mit einem Meister türkischer Herkunft ein Mittagessen gehabt, das so geendet hat, dass er mich mit den Worten verabschiedet hat: „Herr Hüttenrauch, das ist doch Ehrensache, dass ich meiner Verantwortung nachkomme und dafür sorge, dass hier alles so funktioniert, wie es soll. Ich werde der Firma niemals vergessen, wie sie mich damals aufgenommen hat und welche Chancen sich dadurch für mein Leben ergeben haben."

Ich weiß nicht, ob die damalige Generation der Einwanderer anders motiviert war oder wir sie einfach besser integriert haben, aber für mich bleibt es dabei: Es gibt keine Alternative zu einer erfolgreichen Integration, als über die Arbeit zu integrieren!

Es hat sich gezeigt, dass die EU, aber auch die Bundesregierung es versäumt haben, eine einheitliche europäische Migrationspolitik durchzusetzen. Schon 2015 hätten wir an den Außengrenzen eine gemeinsame Vertretung aller EU-Länder einfordern müssen, um eine gezielte Migration mit Zielortbestimmung durchzusetzen und nicht Millionen von Menschen planlos über die Autobahnen ziehen zu lassen. Schon damals war mir klar, dass wir es so nicht schaffen werden und der moralische Anspruch von Frau Merkel, so christlich und ehrenwert er auch sein mag, nicht funktionieren wird.

Die ehemalige Kanzlerin hat es versäumt, ihre Macht in der EU so einzusetzen, dass diese Migration zur europäischen Chefsache erklärt und in Deutschland umgehend die entsprechenden Integrationsstrukturen aufgebaut werden.

Auch wenn viele Menschen damals im Vertrauen auf die berühmten Merkel Worte „Wir schaffen das!" anfangs fast euphorisch eine moralisch geprägte Willkommenskultur gezeigt haben, hat sich diese über die Zeit ins Gegenteil verkehrt. Daran sind aber nicht die Bürger Deutschlands schuld, sondern ein Staatsversagen dieser gewollten Integration, die richtigen Strukturen bereitzustellen.

Aus meiner Sicht hätte Frau Merkel nicht nur sagen müssen, dass wir das schaffen, sondern wie wir das schaffen.

Auch heute, nach zehn Jahren, wissen wir nicht wirklich, wer sich in unserem Land aufhält und wir haben noch immer keine klaren Zuständigkeiten zwischen Bund und Ländern etabliert. Und damit sind dem Missbrauch dieses permanenten Mangels Tür und Tor geöffnet. Die Menschen sind es leid, dass die Politik ihren Job nicht macht und sich auf das konzentriert, was nicht geht, während es Nachbarländer wie Dänemark unter einer sozialdemokratischen Regierung, geschafft haben, klare Regeln für eine erfolgreiche Migration aufzustellen. So gibt es dort ein eigenes Programm für eine beschleunigte Einwanderung, das sogenannte „Fast Track Scheme". Jenes ermöglicht es Unternehmen, ausländische Fachkräfte schneller einzustellen.

Im Programm „Start-up Denmark" eröffnet man ausländischen Menschen in Dänemark die Möglichkeit, ein Start-up zu gründen, nachdem sie sich über dieses Programm beworben haben. Zudem ermöglicht der „Pay Limit Scheme" (Gehaltsgrenzen-Regelung) eine beschleunigte Aufenthalts- und Arbeitserlaubnis, wenn es ein Jobangebot mit einem Mindestjahresgehalt von 66.000 Euro pro Jahr oder bei Mangelberufen von 53.000 Euro pro Jahr gibt.

Auch Kanada und Australien setzen auf ähnliche punktebasierende Einwanderungssysteme, die nicht nur dafür Sorge tragen, dass qualifizierte Fachkräfte in das jeweilige Land kommen, sondern sogar gezielt regional verteilt werden können, wo sie am meisten benötigt werden.

Wer sich zum Beispiel in Australien für ein regionales Programm außerhalb der fünf größten Städte entscheidet, erhält weitere Aufenthaltsvorteile. Interessant ist dort auch, dass der Arbeitgeber gleichzeitig als sogenannter „Sponsor" auftritt und für die Integration der Arbeitnehmer mitverantwortlich ist. Darüber wird ein regelmäßiger Beurteilungsaustausch mit den Behörden gepflegt. Dieser nimmt beide in die Pflicht. Der Arbeitgeber muss integrieren und beurteilen, der Arbeitnehmer muss sich an die Regeln halten und eine gute Arbeitsmoral zeigen, um im Land bleiben zu dürfen.

Warum setzen wir das nicht sofort um, wenn es sich doch schon so oft auf der Welt und sogar in unserem Nachbarland bewährt hat?

In Dänemark hat sich seit der Einführung dieses Programms die Zustimmung zur rechten und nationalkonservativen Dänischen Volkspartei drastisch reduziert. Hatte diese Partei im Jahre 2015 noch 21,1 % der Stimmen, waren es 2019 lediglich 8,7 % der Wählerstimmen und bei der letzten Wahl 2022 nur noch 2,6 %[73] Anscheinend ist das wohl die bessere Strategie, die Wähler wieder in die politische Mitte zu bekommen, anstatt die Frage der Migration vor sich herzuschieben.

Eine positive Migrationskultur der Vergangenheit leidet also bei uns unter einem ungelösten Defizit der Gegenwart und stärkt damit die politischen Ränder. Noch fataler ist es, dass die Bevölkerung in ihrer Haltung zur Migration dadurch nicht mehr differenziert, sondern pauschalisiert. Selbst Menschen, die seit Jahrzehnten erfolgreich und integriert in Deutschland leben, sagen, dass sie dringend eine restriktivere Migrationspolitik mit klaren Regeln fordern, weil sie es leid sind, „über einen Kamm geschoren" zu werden.

Das bedeutet: Mit jedem Tag, mit dem wir diese ungelöste Migrationsfrage verlängern, verspielt Deutschland seine Chance, ein gutes Einwanderungsland für qualifizierte Fachkräfte zu bleiben.

Schlimmer noch: Es ist nur noch eine Frage der Zeit, bis uns diese hochqualifizierten ausländischen Fachkräfte verlassen, weil sie sich hier einer pauschalisierten und immer weiter aufgeheizten Ausländerfeindlichkeit ausgesetzt sehen.

Ich habe neulich meinen türkischen Meister zufällig wiedergetroffen. Er hat mir gesagt, dass er sich nach über 35 Jahren hier in Deutschland nicht mehr wohlfühlt und nun mit seiner Familie zurück in seine Heimat gehen wird. Allein ist er damit nicht, denn auch die Zahl der aus Deutschland auswandernden Menschen mit Qualifikation steigt stetig.

Irgendwo auf diesem Weg ist uns die Balance zwischen Integration durch Arbeit und misslungener Integration verloren gegangen. Die Gründe dafür sind vielfältig und wir haben sie ausgiebig diskutiert, aber diese Schieflage hat die Menschen in diesem Land, Deutsche wie Ausländer, die wirklich arbeiten und Leistung erbringen wollen, an die politischen Ränder getrieben.

Der einzige Weg, sie wieder zurückzuholen und Migration wieder differenziert zu betrachten, ist ein konsequentes politisches Handeln in beide Richtungen dieses Ungleichgewichts.

Oder um es mit Goethe zu sagen: „*Der Worte sind genug gewechselt. Lasst mich endlich Taten sehen.*“

Allein durch das Ausscheiden der geburtenstarken Jahrgänge meiner Babyboomer-Generation verliert der deutsche Arbeitsmarkt in den nächsten zehn Jahren fast eine Million Arbeitskräfte pro Jahr, die in Rente gehen. Bis 2035 werden also voraussichtlich rund 12-13 Millionen Erwerbstätige aus dem Arbeitsmarkt ausscheiden. Damit entsteht in Deutschland ein struktureller Arbeitskräftemangel, der nicht allein durch KI und Automatisierung geschlossen werden kann. Wir benötigen also weiterhin qualifizierte Zuwanderung, ob uns das gefällt oder nicht. Meine Generation hätte das nur mit mehr Kindern verhindern können.

Benedikt

Wie es uns als Gesellschaft gelingt, Menschen aus fremden Kulturen zu integrieren, wird in Zukunft über den Erfolg unseres Landes entscheiden. Unser gesamtes Sozialgefüge beruht darauf, dass die Starken die Schwachen stützen, die Gesunden die Kranken pflegen und die Jüngeren für die Älteren sorgen. Wir sprechen von einem ungeschriebenen Gesetz der Verantwortung füreinander.

Auf der Basis dieser gegenseitigen Verantwortung funktioniert auch der „Generationenvertrag“, der die Renten in unserem Land sichert. Das Umverteilungssystem bedarf einer politischen Reform, sonst wird es schon rein rechnerisch nicht funktionieren, dass im Jahr 2050 auf einen Rentner 1,3 Beitragszahler kommen. Es bedarf aber auch eines Umdenkens im gesellschaftlichen Diskurs und mehr denn je junger und engagierter Menschen, um genau diesem Generationenvertrag und der gegenseitigen Verantwortung füreinander gerecht zu werden.

Die Flüchtlingswelle 2015 und die überwältigende Willkommenskultur, mit der wir diesen Menschen begegnet sind, war meine erste Erfahrung, wie Deutschland auf eine große Zahl von Menschen aus dem Ausland reagiert. Und ich glaube, das gilt für viele, vordergründig jüngere Menschen. Diese Herzlichkeit, der Mut und der Wille, diese Menschen zu integrieren, haben uns geprägt.

Das spiegelt sich für mich auch in der Bundestagswahl 2017 wider, bei der junge Menschen Parteien gewählt haben, die sich für mehr Migration einsetzen. Mittlerweile hat sich dieses Bild geändert.

Bei der Bundestagswahl 2025 sind es auch Wähler unter 25 Jahren, die vermehrt zum rechten politischen Rand wechseln und sich damit bewusst gegen Migration und für die Rückführung dieser Menschen in ihre Heimatstaaten aussprechen. Die Prägung dieser jungen Wählergruppe und teilweise Erstwähler findet nun vermutlich nicht mehr durch die herzliche Willkommenskultur, sondern durch die Probleme statt, welche die Migrationspolitik seit 2015 mit sich gebracht hat. Ob dabei verkannt wird, dass die gegenseitige Verantwortung, die wir gegenüber unserem Generationenvertrag besitzen, nur durch Migration gelöst werden kann, bleibt jedem selbst überlassen.

Die Antworten auf die Fragen, wie unsere Generation die Renten unserer Eltern stemmen soll oder wie Deutschland ohne qualifizierte Fachkräfte als Industrienation zurück zu wirtschaftlicher Stärke finden soll, scheinen nebensächlich geworden zu sein.

Helmut Schmidt sagte in einem Interview mal Folgendes: *„Zuwanderung aus fremden Zivilisationen schafft mehr*

Probleme, als dass es uns auf dem Arbeitsmarkt an positiven Faktoren bringen kann. Zuwanderung aus verwandten Zivilisationen ist problemlos."

Dieses Zitat gilt heute genauso wie damals. Der Unterschied ist nur, dass Deutschland in Zukunft bei der Zuwanderung nicht mehr zwischen fremden und verwandten Kulturkreisen unterscheiden kann.

Die Menschen, die in den vergangenen Jahrzehnten als Arbeitskräfte aus verwandten Kulturräumen zu uns gekommen sind, zum Beispiel aus Polen, werden das nicht mehr tun. Ganz einfach, weil ihr Wohlstand in der Heimat fast genauso groß ist wie der unsere. Ich habe zum Beispiel Warschau im Vergleich zu Berlin als eine sehr moderne Stadt wahrgenommen, mit einer besseren Infrastruktur und einem deutlich höheren Digitalisierungsgrad als Berlin. Europäische Zuwanderung wird in Zukunft abnehmen, während außereuropäische zunehmen wird.

Dieses Bewusstsein, dass wir keine Wahlfreiheit in Zukunft haben werden, welche Menschen nach Deutschland kommen, sehe ich als große Herausforderung für unsere junge Generation. Wenn somit ausschließlich Menschen aus uns kulturell fremden Lebensräumen nach Deutschland kommen, wird auch die Integration allein über Arbeit nicht mehr ausreichen. Sprache, Moral, Wertvorstellungen, religiöse Bräuche und Bildungshintergründe stellen große Bürden dar und werden zwangsläufig noch stärker in den Vordergrund unserer Integrationskultur rücken.

1986 sagte Norbert Blüm „Die Rente ist sicher", wohl wissend um die demografische Entwicklung unseres Landes. Gelöst ist das Problem bis heute nicht. 2015 sagte Angela Merkel „Wir schaffen das!“, wohl wissend um die Entwicklung der zukünftigen Migrationsströme. Gelöst ist das Problem bis heute nicht.

Es gibt leider keine Patentlösung, die morgen alle Fragen der Integration und Migration löst. Ich sehe hier nur die Möglichkeit eines radikalen Kulturwandels in dem Aspekt, wie eine ganze Gesellschaft Verantwortung übernimmt, um Integration von Grund auf neu zu denken. Integration ist keine reine Frage, wie politische Lösungen geschaffen werden, sondern auch, wie jeder sein Gegenüber behandelt und in unsere Mitte aufnimmt. Nicht, dass es auch hier 40 Jahre später heißt: Das Problem ist bis heute nicht gelöst.

Verteidigungskultur

Wie sieht es bei der äußeren Sicherheit, also der Verteidigung unseres Landes aus?

Die deutsche Verteidigungsbereitschaft hat sich in den vergangenen Jahrzehnten maßgeblich verändert und spiegelt damit die geopolitischen und gesellschaftlichen Entwicklungen des Landes wider. Nach dem Zweiten Weltkrieg wurde die Bundeswehr 1955 im Rahmen der NATO-Mitgliedschaft gegründet, um die Verteidigungsfähigkeit der Bundesrepublik sicherzustellen.

In den Sechziger- und Siebzigerjahren war die Wehrpflicht ein zentraler Bestandteil der deutschen Verteidigungspolitik, mit einer Personalstärke von über 495.000 Soldaten in den Neunzigerjahren.

Zu Zeiten des Kalten Krieges wurde das Militär geschätzt – es war eine allgegenwärtige Konstante in der Mitte unserer Gesellschaft.

Nach dem Ende des Kalten Krieges und der Wiedervereinigung 1990 rückten neue Herausforderungen in den Fokus.

Die Bundeswehr wurde zunehmend in internationale Friedenseinsätze eingebunden, wie in Bosnien und Kosovo, was eine Neuausrichtung ihrer Aufgaben erforderte. Gleichzeitig wurde der Verteidigungsetat aufgrund von Abrüstungsbemühungen und dem Rückgang der militärischen Bedrohung erheblich reduziert.

Die Zahl der Soldaten sank bis 2022 auf rund 183.000, was einem Rückgang von mehr als 60 % entspricht. Entscheidend war jedoch die Aussetzung der Wehrpflicht im Jahr 2011.

Diese markierte einen Wendepunkt, der eine pazifistische Politik in die Mitte der Gesellschaft brachte und besonders eine ganze Generation junger Männer prägte.

Einhergehend mit der Aussetzung der Wehrpflicht sollte die Bundeswehr grundlegend reformiert werden. Dabei sollte sie flexibler und moderner werden, doch diese Veränderungen brachten auch Herausforderungen mit sich. Die freiwillige Rekrutierung konnte die entstandenen Lücken nicht schließen, was zu einem unübersehbaren Mangel an Personal führte.

Die geopolitischen Veränderungen seit 2014, insbesondere die Annexion der Krim durch Russland, führten zu einer wachsenden Debatte über die Rolle Deutschlands in der NATO. Ein Umdenken fand zu diesem Zeitpunkt in den Köpfen der Bürger und der Politiker noch nicht statt. Vielmehr wurde die Annexion der Krim als ein einmaliger Akt eingestuft.

Erst der Ausbruch des Ukraine-Kriegs 2022, acht Jahre später, markierte schließlich eine „Zeitenwende", wie Bundeskanzler Olaf Scholz es nannte. Deutschland erhöhte die Verteidigungsausgaben erheblich, um das NATO-Ziel von 2 % des Bruttoinlandsprodukts zu erreichen, das zuvor jahrelang verfehlt worden war.

Der Verteidigungsetat stieg zwar bereits von etwa 34 Milliarden Euro im Jahr 2015 auf über 50 Milliarden Euro im Jahr 2022, aber das Sondervermögen in Höhe von 100 Milliarden Euro sollte die Bundeswehr erst richtig modernisieren.

Die schleppende Umsetzung lässt sich dennoch nicht wegdiskutieren und zeigt, dass sich Verwendungsfähigkeit und Verteidigungswille nicht mit Geld lösen lassen.

Mathias

Wie schon mehrfach beschrieben, bin ich in meiner Jugend in der DDR groß geworden und damit war es selbstverständlich, dass ich mit 18 Jahren meinen Grundwehrdienst von 18 Monaten ableisten musste.

Ich weiß noch wie heute, dass ich mächtig sauer war, diese anderthalb Jahre meines Lebens der NVA widmen zu müssen. In der DDR war es ja so, dass man seinen Personalausweis abgeben musste und nur noch den Wehrdienstausweis hatte. Man war sozusagen „Eigentum der Nationale Volksarmee" und so wurde man auch behandelt. Auch war die reale Bedrohung zu Zeiten des Kalten Krieges allgegenwärtig. Da ich zur Luftaufklärung kam, war es mir bei dem einen oder anderen Alarm schon einmal mulmig.

Während unsere Eltern den realen Krieg erlebt haben, sind wir noch als Jugendliche mit dem Kalten Krieg konfrontiert worden. Die atomare Aufrüstung gehörte zum Alltag dieser Zeit. Die NATO und die Staaten des Warschauer-Pakts redeten von der „atomaren Abschreckung". Somit stellte man die Verteidigungsbedeutung des Militärs nicht infrage.

Dennoch hat mich diese Zeit geprägt und mich in meinem jugendlichen Überschwang wieder auf den Boden der Tatsachen zurückgeholt. Man kann es drehen und wenden, wie man will, aber bestimmte Werte wie Kameradschaft, Pünktlichkeit, Zuverlässigkeit und Vertrauen in andere, kommen nun einmal aus dem militärischen Bereich. Das wurde mir Jahre später noch einmal in einem anderen Zusammenhang klar:

Mathias blickt zurück

Während meiner Zeit in Indien musste ich geschäftlich fast wöchentlich mit dem Flugzeug von Bangalore nach New Delhi fliegen. Ein Flug, der ca. drei Stunden dauerte.

Bei einem dieser Flüge traf ich auf den damaligen indischen Innenminister. Er fragte mich, wie ich mit meiner Familie in Indien klarkomme und was ich besonders an dem Land schätze. Ich wollte ihm natürlich eine wohlwollende und diplomatische Antwort geben.

Deshalb sagte ich ihm, dass ich besonders die indische Toleranz bewundere, mit der zum Beispiel Christen, Hindus, Tamilen, Sikh, Buddhisten und Muslime in Bangalore friedlich zusammenleben. Ich sagte ihm, dass wir in Deutschland wahrscheinlich viel mehr Konflikte deswegen ausgetragen hätten.

Er entgegnete mir daraufhin zu meiner Überraschung, dass er die Toleranz und Vielfalt Indiens zwar auch sehr schätze, aber es nie zu einer Entwicklung von Werten wie Pünktlichkeit und Zuverlässigkeit aus dem Militär gekommen sei. Indiens Historie war selten geprägt von militärischen Konflikten. Selbst die indische Revolution unter Gandhi war eine mehr oder weniger widerstandslose.

In meiner Verwunderung über diese Antwort fragte ich ihn, warum er das als Problem sehe.

Er antwortete mir, dass Werte wie Disziplin, Pünktlichkeit und Zuverlässigkeit nun einmal aus dem Militär kommen würden, ob wir das mögen oder nicht.

Er bedaure, dass diese Werte in Indien nicht so verwurzelt wären und somit das Land oft wichtige Potenziale ungenutzt lassen würde. Dieses Gespräch hat mich lange Zeit nicht mehr losgelassen, weil die Nachricht vielleicht etwas unangenehm klingt, aber wahrscheinlich doch richtig ist.

Nun haben sicher auch die traditionellen Religionen und die Industrialisierung zu den Werten, Pünktlichkeit und Zuverlässigkeit beigetragen, da wir beispielsweise in Fabriken feste Abläufe und Schichten hatten, in denen man pünktlich und zuverlässig bei der Arbeit sein musste.

Die Tatsache, dass junge Menschen weder ein soziales Jahr noch den Wehrdienst ableisten müssen, halte ich jedoch für bedenklich. Die Entwicklung und die Fähigkeit, sich in ein Team zu integrieren, sich manchmal auch einer Gruppe unterzuordnen, leidet. Stattdessen wird das eigene Ich ausgelebt.

Von der Politik und den Medien hatte man lange Zeit die Nachricht vermittelt bekommen, dass die Bundeswehr nur noch auf Friedensmissionen unterwegs und die eigene Verteidigungsbereitschaft unseres Landes in Zeiten dieser langen Friedensperiode kaum noch von Bedeutung sei. Interessant ist jedoch die Frage, ob die Deutschen im Falle eines Angriffs bereit wären, ihr Land zu verteidigen. Eine Frage, die man in den USA gar nicht zu stellen bräuchte. Patriotismus geht nun einmal auch mit dem Willen und der Moral einher, sein Land im Ernstfall zu verteidigen.

Laut einer Umfrage vom Februar 2023 würden sich lediglich 5 % der Befragten freiwillig zum Kriegsdienst melden, sollte Deutschland direkt in einen militärischen Konflikt verwickelt werden.[74] Konkret: Somit wäre etwa jeder zwanzigste Deutsche bereit, aktiv an der Landesverteidigung teilzunehmen, und das ist ein Jahr, nachdem Russland die Ukraine überfallen hatte, ein alarmierender Wert.

Wir müssen also zwangsläufig der Realität ins Auge sehen und die Bedeutung unserer Verteidigung wieder viel mehr in den Mittelpunkt unseres Wertesystems stellen, auch wenn das für eine lange Zeit nicht der Fall war.

Mathias blickt zurück

Ich habe in Israel gesehen, dass die jungen Menschen in ihrer Militärzeit wirklich gut ausgebildet wurden. Damit meine ich nicht nur das militärische, sondern vor allem auch das technologische Wissen. Ich konnte primär bei jungen Frauen, die in der Armee gedient haben, viel Commitment und Umsetzungsstärke beobachten. Einige von ihnen habe ich im Rahmen einer Reise 2019 nach Tel Aviv getroffen. In der dort so ausgeprägten Start-up-Szene gründen viele Militärabsolventen ihre eigenen Unternehmen.

Man konnte in den Begegnungen schon ein anderes Engagement wahrnehmen, oder wie wir Deutschen manchmal sagen, den „Zug auf der Kette" spüren. Eine Präsentation, um die ich gerade gebeten hatte, war schon auf meinem Computer, bevor ich überhaupt den Meetingraum verlassen hatte.

Nicht umsonst hat Tel Aviv eine der weltweit wichtigsten Start-up-Szenen und steht bei bestimmten Technologien den USA oder China in Nichts nach.

Ist es den jungen Generationen nicht mehr zumutbar, einen aktiven Wehrdienst oder zumindest ein soziales Jahr als Beitrag für die Gemeinschaft zu leisten?

Benedikt

Verteidigung und Verteidigungskultur waren für mich und viele junge Menschen nie ein Thema. Wir sind ohne Wehrpflicht, ohne soziales Pflichtjahr, ohne eine in der Öffentlichkeit präsente Bundeswehr und ohne wirkliche militärische Konflikte aufgewachsen. Einzig die Friedenseinsätze waren Themen, bei denen wir etwas von der Notwendigkeit der Bundeswehr mitbekommen haben. Ansonsten dominierten Nachrichten über Abrüstung die öffentlichen Debatten und damit auch die Wahrnehmung.

Eine wirkliche Verteidigungskultur ist für meine Generation und mich daher neu. Ich denke, dass es vielen in meinem Alter ähnlich geht. Die Wehrpflicht wurde politisch abgeschafft und es wurde keine Notwendigkeit des Militärs vermittelt.

Mit dem Ausbruch des Ukraine-Kriegs im Februar 2022 hat sich das über Nacht geändert. Aber, und das ist das Entscheidende, eine ganze Generation junger Männer, mich eingeschlossen, hat keinen Bezug mehr zum Militär und zur Bundeswehr.

Zwar wissen wir aufgrund der neuen globalen Entwicklungen und der gestiegenen Bedrohungslage auch in Europa um die Notwendigkeit einer einsatzfähigen Bundeswehr, aber eine wirkliche Verteidigungskultur ist in einer ganzen Generation nicht vorhanden.

Unsere Generation jetzt darauf vorzubereiten, dass sie diejenigen sind, die Deutschland in Zukunft verteidigen müssen und eine neue Verteidigungskultur prägen, entwickeln und leben müssen, halte ich für schwierig.

So habe ich in meinem Freundes- und Bekanntenkreis immer wieder gehört, dass diese Menschen niemals eine Waffe in die Hand nehmen würden, um Deutschland zu verteidigen. Lieber würde man vorher das Land verlassen oder im Verteidigungsfall den Wehrdienst verweigern oder ihn auf andere Weise umgehen.

Die pazifistische Politik der letzten Jahrzehnte und die Verkennung der veränderten globalen Bedrohungslage hat also dazu geführt, dass in Deutschland eine junge Generation herangewachsen ist, die nicht in der Lage oder anscheinend nicht willens ist, Deutschland zu verteidigen.

Zwar wird die Wehrpflicht in der Politik wieder diskutiert, aber allein der Gedanke, dass ich oder meine Freunde im Fall des Falles doch zum Wehrdienst einberufen werden, ist für mich undenkbar.

Das spiegelt sich auch in den von Mathias genannten Zahlen wider, wer tatsächlich dieses Land verteidigen würde und wer nicht. Neben der Prägung über die Wehrpflicht sehe ich auch die auf einen geringen Nationalstolz und den Patriotismus.

In meiner Schulzeit wurde uns der Nationalsozialismus unter anderem als eine Folge eines ausufernden Patriotismus gelehrt. Da man das in seiner Jugendzeit nicht sonderlich hinterfragt hat, war Patriotismus meistens negativ konnotiert. Rückblickend hat dies vielleicht auch dazu geführt, dass viele Menschen heute gar nicht mehr stolz auf Deutschland und somit nicht bereit sind, ihr Land zu verteidigen.

Die Balance zwischen gar keinem Patriotismus und einem extremen Patriotismus scheint uns abhandengekommen zu sein. Vielleicht muss es uns gelingen, wieder mehr Nationalstolz in die Mitte unserer Gesellschaft zu bringen, um uns gleichzeitig klar von den extremistischen Gefahren eines überzogenen Patriotismus, einer „America-First-Mentalität", abzugrenzen.

Aber auch der europäische Stolz kommt mir zu kurz. Ich könnte mir vorstellen, dass viele meiner Altersgenossen viel motivierter wären, ihren Wehrdienst in einer europäischen Armee abzuleisten. Das könnte die Internationalität schon in jungen Jahren stärken und das Gefühl, einer eher unbedeutenden nationalen Armee anzugehören, verhindern, weil eine europäische Lösung viel schlagkräftiger und international angesehener wäre.

Dem Gedanken von Mathias, dass durch das Militär auch ein Wertesystem vermittelt wird, kann ich folgen. Das habe ich auch während meines Studiums an der Universität immer wieder von Professoren gespiegelt bekommen, die sich von manchen Studenten mehr Pünktlichkeit und Disziplin gewünscht hätten und eine fehlende militärische Grundausbildung vermissten. Dieses Narrativ wird zunehmend auch in der Öffentlichkeit aufgegriffen. Dabei wird es uns allerdings häufig zum Vorwurf gemacht, keinen Wehrdienst geleistet zu haben, obwohl dies gar nicht unsere politische Entscheidung war, sondern die der vorangegangenen Generationen.

Etwas in unserem Wertesystem zu vermissen, wofür wir nichts können, greift daher zu kurz. Frühere Generationen hätten hier die Entwicklung der globalen Bedrohungslage besser einschätzen und ihr Handeln entsprechend anpassen müssen.

Unsere Generation noch zu einer Generation zu machen, die bereit ist, dieses Land mit einer Waffe in der Hand zu verteidigen, halte ich für eine unglaublich schwierige, wenn nicht gar unmögliche Aufgabe. Generell stellt sich für mich die Frage, ob junge Menschen einer Gesellschaft und einem Land nur durch den Militärdienst dienen können. Und ob der Militärdienst im Zeitalter der Gleichberechtigung nur für Männer oder auch für Frauen gelten sollte.

Ich denke vielmehr, dass ein Dienst an der Gesellschaft auf sehr vielfältige Weise geleistet werden kann. Das könnte politisch neu diskutiert werden und mit dem Ergebnis enden, dass man nach der Schulzeit ein soziales Jahr absolviert, das ganz unterschiedlich gestaltet sein kann. Auch in einer Art und Weise, die bisher vielleicht noch nicht diskutiert wurde, sollte eine Kultur des Miteinanders hier im Vordergrund stehen. Beispielsweise könnten Patenschaften, Mentoring-Programme oder Ehrenämter wie Sterbehilfe oder Ähnliches darunterfallen.

Pünktlichkeit, Disziplin und Ordnung sind zwar zentrale Werte des Militärs, doch sie sind keineswegs ausschließlich dort verankert. Sie lassen sich ebenso auf anderen Wegen vermitteln und im Alltag leben. Auch über die Arbeit im Pflege- und Gesundheitsbereich oder im Ehrenamt kann ein Wertesystem für ganze Generationen geprägt werden.

Ein Dienst an der Gesellschaft sollte meines Erachtens aber nicht nur eine Aufgabe der jüngeren, sondern auch der älteren Generation sein. Dieser könnte beispielsweise mit dem Renteneintritt ein „Mentoren-Jahr" bedeuten. Dabei könnten die aus dem Arbeitsmarkt ausscheidenden Generationen ihre Lebenserfahrung an Jüngere weitergeben und mit zusätzlichen Rentenbeiträgen honoriert werden. Diesen Dienst an der Gesellschaft könnten sie in klassischen Projekten wie im Gesundheits- oder Bildungswesen oder auch bei der Integration von Zuwanderern in den Arbeitsmarkt leisten. Nebenbei ist dies auch eine Chance, Werte generationenübergreifend auf persönlicher Ebene weiterzugeben.

Wie und in welcher Art und Weise wir in Zukunft einen Dienst an der Gesellschaft leisten, ob militärisch oder anders, ist also keine Generationenfrage, sondern eine Frage des Willens einer breiten Öffentlichkeit. Hier gilt es aber, alle mit ins Boot zu holen. Nur so, davon bin ich überzeugt, lässt sich auch eine neue Verteidigungskultur entwickeln.

Sicherheitskultur

Es hat sich gezeigt, dass die Frage der inneren Sicherheit im Kontext der illegalen Migration zum zentralen Wahlkampfthema 2025 geworden ist.

Die Menschen in unserem Land haben das Gefühl, dass uns die innere Sicherheit abhandengekommen ist oder andersherum gesprochen: Ein Staat, der nicht dazu in der Lage ist, seine Bürger im Alltag zu schützen, hat ein großes Vertrauensproblem.

Mit unserer Sicherheit steht also als ein grundlegendes Bedürfnis auf dem Prüfstand. Die Menschen, die in diesem Land leben, vermissen das konsequente Handeln der politischen Verantwortlichen, dieses Bedürfnis wieder in den Griff zu bekommen. Ist eine gefühlte Wahrheit oder wird diese Wahrnehmung auch von den Zahlen und Fakten untermauert?

Im Jahr 2023 gingen die Straftaten in Deutschland um weitere 5,5 % auf insgesamt 5,94 Millionen Fälle nach oben. Das ist der höchste Stand seit 2016. Allein die Gewaltkriminalität, bei der physische Gewalt angewendet wird, stieg um 8,6 % auf rund 214.000 Fälle an, wobei insbesondere die Wohnungseinbrüche mit einem Anstieg von 18,1 % auffielen.[75]

Die Zahl der nichtdeutschen Tatverdächtigen stieg dabei um 13,5 %, während bei deutschen Tatverdächtigen ein Anstieg von 1 % verzeichnet wurde.

Nichtdeutsche Tatverdächtige machten somit 34,4 % aller Tatverdächtigen aus. „Nichtdeutsch“ meint hier nicht nur ausschließlich Migranten, sondern auch „Kriminaltouristen“, die mit der Absicht, eine Straftat zu begehen, nach Deutschland ein- und ausreisen.

Im Hinblick auf Messerangriffe verzeichnete die Bundespolizei im ersten Halbjahr 2024 bereits 373 Delikte nur an Bahnhöfen. Das ist noch mal eine Steigerung zum Jahr 2023.[76] Das bedeutet, dass die Sicherheit selbst in öffentlichen Räumen nicht nur subjektiv gefühlt, sondern objektiv real abnimmt.

Aber auch im Bereich des organisierten Verbrechens entwickeln sich die Techniken und Methoden stetig weiter, sodass sich die Syndikate immer mehr vernetzen können und von den verschiedensten Orten der Welt wie globale Unternehmen agieren. Denken Sie dabei an die Vernetzung von Drogenkriminalität, Menschenhandel und Prostitution. Hier treffen internationale Verbrecherstrukturen auf nationale Behörden, die damit teilweise nur dann zurechtkommen, wenn sie sich selbst über Interpol oder andere Wege vernetzen.

Im Bereich der Cyberkriminalität nehmen vorwiegend die Angriffe aus dem Ausland zu. Der finanzielle Schaden durch diese ist beträchtlich. Laut einer Studie des Digitalverbands Bitkom belief sich der Schaden im Jahr 2023 auf 206 Milliarden Euro und lag damit im dritten Jahr in Folge bei über 200 Milliarden Euro.[77] So geben 82 % der befragten Unternehmer an, in den vergangenen zwölf Monaten häufiger angegriffen worden zu sein.

Diese Formen der neuen organisierten Kriminalität, insbesondere im Raum des Internets, treffen in Deutschland auf eine personell unterbesetzte Polizei, die nicht zeitgemäß und digital ausgestattet ist.

Überdies gibt es immer noch gesetzliche Hürden, die speziell aus der Zusammenarbeit der Behörden, aber auch aus der Vorratsdatenspeicherung resultieren. Dies verhindert häufig, den besser organisierten Tätern wirklich auf die Spur zu kommen. Doch auch wenn das gelingen sollte, ist unsere Justiz danach hoffnungslos überfordert. Es mangelt an Staatsanwälten, Richtern und weiteren Kapazitäten in den Justizbehörden.

Wir stellen also fest, dass unsere Sicherheitskultur vor enormen Herausforderungen steht und unter vergangenen Versäumnissen gelitten hat.

Mathias

Wenn ich an meine Generation im Zusammenhang mit Kriminalität denke, fallen mir zumindest aus meiner behüteten Jugend nur die relativ harmlosen Fälle ein. Eine Kriminalität, wie wir sie heute kennen, wäre damals in der DDR unmöglich gewesen. Allein ein Messer als Waffe bei sich zu tragen, hätte schwerste Konsequenzen nach sich gezogen, wenn man dabei entdeckt worden wäre.

Wir sahen uns eher einer permanenten Durchleuchtung durch die Staatssicherheit ausgeliefert, wegen der man in bestimmten Personenkreisen vorsichtig mit dem sein musste, was man sagte. Außerdem gab es in meiner Jugend noch ein anderes Gefühl von Kriminalität: Konflikte wurden oft mit den Fäusten und nicht mit dem Messer ausgetragen.

Es gab Grenzen und Hemmschwellen, die sich anscheinend im Laufe der Zeit aufgelöst haben. Ich verstehe nicht, wie man einer über 80-jährigen Frau wegen 35 Euro die Rippen brechen kann.

Es scheint eine Verrohung und Eskalation der Gewalt stattgefunden zu haben. Liegt es an den Videospielen, in denen es nur ums Töten geht, den Filmen, in denen in fünf

Minuten 20 Menschen umgebracht werden, den sozialen Medien oder dem Darknet, wo man live dabei sein kann, wenn Kinder vergewaltigt werden? Das sind alles Dinge, mit denen wir in unserer Jugend zum Glück nicht konfrontiert wurden.

Vielleicht ist es deshalb nicht so abwegig, dass die australische Regierung jetzt die Nutzung sozialer Medien für Kinder und Jugendliche unter 16 Jahren verbietet. Wenn die Algorithmen dieser Plattformen so geschrieben werden, dass die radikalen Inhalte mehr Reichweite gegenüber den gemäßigten erzeugen, sollte man meiner Meinung nach wirklich hinterfragen, ob Meinungsfreiheit vor Radikalisierung geht.

Heute habe ich manchmal das Gefühl, dass die Polizei einen Kampf „David gegen Goliath" führen muss, weil sie für diese neuen Formen der Kriminalität weder quantitativ noch qualitativ ausgerüstet oder ausgebildet ist.

Auch wenn Transparenz immer gut ist, frage ich mich, warum heute gleichzeitig 20 Handykameras eine Festnahme filmen müssen und der Polizist anschließend im Netz als Täter gebrandmarkt wird.

So wurde nun ein Ermittlungsverfahren wegen des Verdachts der Körperverletzung im Amt gegen den Polizeibeamten eingeleitet, der am 20. Dezember 2024 den Attentäter vom Magdeburger Weihnachtsmarkt festgenommen hatte. Der Täter hatte sechs Menschen getötet und fast 300 weitere verletzt. Ist das noch nachvollziehbar?

Noch einmal: Ich würde sicher keine übergriffige Polizei unterstützen, aber dass uns manchmal die Verhältnismäßigkeit zwischen Opfer und Täter verloren zu gehen scheint, ist wohl nicht nur mein Gefühl. Manchmal scheint es schwer erträglich, wenn die Polizei Täter festnimmt und es anschließend nicht zur Anklage kommt, obwohl klar ist, dass eine Straftat begangen wurde.

Ein kurzes aktuelles Beispiel dazu: Nach den Silvesterkrawallen 2024 wurden in Berlin insgesamt 670 Tatverdächtige festgenommen. Die Polizei hat 720 Ermittlungsverfahren eingeleitet. Bis heute, etwa sechs Wochen später, hat es zwei Anklagen gegeben. Ich frage mich, wie frustriert diese Polizeibeamten sein müssen.

Auch gegen die bereits erwähnte Clankriminalität und andere vernetzte Strukturen zeigt sich immer wieder ein ähnliches Bild. Die Polizei kann ihre Daten nicht vernetzen oder die bisherige Vorratsdatenspeicherung nutzen. Hier besteht also nicht nur ein Vollzugsproblem, sondern dringender gesetzgeberischer Handlungsbedarf.

Es ähneln sich nicht nur die Bilder zwischen den Anschlägen auf die Weihnachtsmärkte in Berlin und Magdeburg, sondern leider auch immer wieder die Täterprofile. Menschen, die längst sicher hätten verwahrt werden müssen, wenn man sich über ihre umfangreichen kriminellen Vorgeschichten bundesweit vernetzt ausgetauscht hätte.

Wie lange wollen wir es uns noch leisten, nur mit dem „Datenschutz-Argument" viele kriminelle Täter laufen zu lassen? Das beginnt bei der Überwachung im öffentlichen Raum, ebenso wie bei der digitalen Gesichtserkennung und anderen modernen Möglichkeiten der Täterverfolgung.

Mathias blickt zurück

Als ich 2019 in Tel Aviv ein Start-up-Unternehmen für Drohnentechnologie besuchte, war man dort ziemlich amüsiert darüber, wie wir unsere Kulturschätze, zum Beispiel im Grünen Gewölbe in Dresden, vor Dieben schützen. Besonders grotesk fanden sie, dass nicht einmal das Licht angeht, wenn der Alarm ausgelöst wird. Die Mitarbeiter haben mir daraufhin erzählt, wie sie ihre Kulturschätze bewachen.

Bei ihnen würde man ein komplettes Infrarot-Überwachungssystem einsetzen, gekoppelt mit dem Einsatz von kleinen Drohnen vor Ort. Diese Drohnen würden bei einer Bewegung sofort zum Tatort fliegen und den Täter mit einer speziellen Gesichtserkennung digital identifizieren. Auch wenn der Täter eine Strumpfmaske trägt, könnte diese mit der Spezialkamera „digital entfernt" werden.

Nach der Identifizierung würde die Drohne den Verdächtigen mit Namen ansprechen und ihn auffordern, sich sofort mit den Händen auf den Rücken zu legen, bis sich die Beamten dem Tatort nähern.

Sollte er sich weigern, würde die Drohne ohne weitere Vorwarnung einen gezielten Betäubungspfeil abfeuern.

Ich habe mir das Ganze für Deutschland vorgestellt und mich gefragt, ob wir eine solche Technik jemals einsetzen würden, wenn sie uns zur Verfügung stünde.

Als Gegenargument würde uns sicher eine mögliche Allergie des Täters gegen das Betäubungsmittel einfallen.

Die qualitative und quantitative Verbesserung unserer Polizei, verbunden mit klaren Zuständigkeiten, auch über Bundesländer hinaus, ist für mich eine der höchsten Prioritäten einer zukünftigen Bundesrepublik. Weiterhin müssen dringend die juristischen Kapazitäten in den Staatsanwaltschaften und Gerichten aufgestockt werden, damit Deutschland wieder seine Rechtsstaatlichkeit umsetzen kann. Zusätzlich ist auch eine massive und konsequente Digitalisierung der Justiz unerlässlich, um angemessen und schnell auf die steigende Kriminalität reagieren zu können.

Damit würde der Staat klare Signale senden: Potenzielle Täter würden verstehen, dass sie für ihre Taten konsequent verfolgt und verurteilt werden. Die Bürger würden sich wieder sicher fühlen, und der Staat könnte verloren gegangenes Vertrauen zurückgewinnen. Warum wird das nicht sofort umgesetzt?

Vielleicht würden manche Regierenden schneller reagieren, wenn man ihnen nicht überall Personenschutz und gepanzerte Limousinen zur Verfügung stellen würde und sie selbst einmal die wirkliche Realität auf unseren Straßen, Bahnhöfen und anderen Plätzen hautnah erleben würden.

Benedikt

In der Frage der Wahrnehmung unserer inneren Sicherheit und damit auch unserer Sicherheitskultur werden sich die generationsübergreifenden Sichtweisen von Mathias und mir wohl weniger unterscheiden. Sicherheit ist ein Gefühl, das keine Altersunterschiede kennt.

Worin ich aber einen Unterschied sehe, ist zum Beispiel das Verhältnis zur Digitalisierung und damit auch zur Erhebung von Daten, deren Speicherung oder der Überwachung des öffentlichen Raums. Ich bin mit einem anderen Bezug zur Digitalisierung aufgewachsen und habe daher ein „entspannteres Verhältnis“, als es vielleicht ältere Generationen haben.

Insofern plädiere ich dafür, die Fortschritte der Digitalisierung auch zum Schutz unserer inneren Sicherheit einzusetzen und zu nutzen. Auch wenn es vielleicht nicht so sein muss, wie in dem von Mathias geschilderten Beispiel aus Israel, sehe ich hier eine Chance, die aus dem Gleichgewicht geratene Balance wiederherzustellen. Gegenwärtig habe ich zumindest das Gefühl, dass technologisch zu wenige Möglichkeiten genutzt werden, um eine moderne Sicherheitskultur zu leben.

Für mich bedeutet Sicherheit Vertrauen. Deutschland darf das Vertrauen seiner Bürger nicht verspielen. Gerade bei jungen Menschen, die aufgrund der Vielzahl von Problemen und Versäumnissen ohnehin Vertrauensprobleme in den Staat und in eine funktionierende Demokratie haben, darf es nicht dazu kommen, dass sie auch noch das Gefühl bekommen, der Staat könne ihre Sicherheit nicht gewährleisten.

Es gilt daher mehr denn je, dieses Vertrauen nicht zu gefährden und konsequent zu handeln. Nichts lässt das Vertrauen schneller schwinden als sinnlose Debatten, die nicht in Taten und greifbare Ergebnisse münden.

Ein Gefühl der Sicherheit stellt für mich nicht das Ergebnis nackter Zahlen und Fakten dar, sondern wie ich mich fühle, wenn ich mich sicher fühle, wenn ich mich frei in diesem Land bewege. Mittlerweile gehe ich mit einem mulmigen Gefühl auf Weihnachtsmärkte, Konzerte oder ins Fußballstadion. Es ist nicht so, dass ich mich unsicher und in Gefahr fühle, aber der Gedanke, ob man nicht doch „zur falschen Zeit am falschen Ort" ist, festigt sich schleichend. Man nimmt einfach die bedrückenden Erkenntnisse aus den Anschlägen und Attentaten in seine Gedankenwelt mit – bewusst oder unterbewusst.

Ich denke hier auch an das Stichwort Zivilcourage. Mittlerweile kann man zwangsläufig davon ausgehen, dass potenzielle Täter bewaffnet sind, indem sie Messer oder andere Waffen mit sich tragen. Gepaart mit einem erhöhten Konfliktpotenzial, welches schneller zu eskalieren droht als noch vor einigen Jahren, wirkt das auf mich bedrückend.

Jeder nimmt für sich in Anspruch, wenn er einen Konflikt oder eine gewalttätige Auseinandersetzung in der Öffentlichkeit sieht, sofort einzugreifen. Das denke ich auch von mir, und so habe ich es in der Vergangenheit auch getan. Aber wenn ich ehrlich und aufrichtig bin, fällt es mir zunehmend schwerer, physisch einzugreifen, wenn immer häufiger die Gefahr besteht, dass jemand ein Messer bei sich trägt.

Wird somit die Hemmschwelle der Zivilcourage für uns alle immer höher? Schwächt dieses Abhandenkommen der Zivilcourage zusätzlich unser Sicherheitsgefühl?

Kulturwandel: Fluch oder Segen? Die Relativität des Problems

In den vorangegangenen Kapiteln haben wir versucht, einige Aspekte unseres Kulturwandels aus der Sicht zweier Generationen zu beschreiben. Wir sind uns bewusst, dass diese Betrachtung nicht vollständig sein kann, da der Kulturwandel komplex ist und von vielen Faktoren beeinflusst wird.

Dennoch sind der erreichte Wohlstand, die Etablierung der sozialen Medien und die verstärkte Zuwanderung in unser Land die wichtigsten Treiber dieses Kultur- und Wertewandels. Der Streit darüber, ob das neu entstehende Wertesystem besser oder schlechter ist, wird uns keine Antwort auf die Herausforderungen einer sich rasch verändernden Welt geben.

Vielmehr müssen wir uns fragen, ob es uns gelingt, traditionelle Werte wie Leistungsbereitschaft, Verlässlichkeit und Disziplin mit neu entstehenden Werten wie Nachhaltigkeit, sozialer Gerechtigkeit und Idealismus in Einklang zu bringen.

Und so gibt es ein paar Widersprüche und Gegensätze, die wir zuerst anerkennen müssen, um sie anschließend aufzulösen:

- Warum haben wir auf der einen Seite eine „Not-in-my-Backyard-Mentalität"? Einerseits stimmen wir einer Sache zu, aber die unangenehmen Seiten dieser Entscheidung sollen die anderen tragen. Andererseits haben wir den Gemeinschaftssinn und die Hilfsbereitschaft nicht verloren. Denken wir nur an die Bilder nach der Katastrophe im Ahrtal, wo zehntausende Menschen aus anderen Regionen nicht nur Geld oder Sachleistungen gespendet haben, sondern wochenlang vor Ort beim Wiederaufbau geholfen haben, teilweise 16 Stunden am Tag.

- Warum verlieren wir in Debatten oft die faktische Sache selbst aus den Augen und verhärten uns immer mehr in unseren politisch und polemisch festgefahrenen Positionen?
- Warum sind die jungen Generationen einerseits so tolerant und weltoffen gegenüber allem, während andererseits eine teilweise engstirnige „Erregungs- und Wutkultur" primär in den sozialen Medien immer mehr die Debatten bestimmt?
- Warum ist die Kriminalität hemmungsloser und brutaler geworden, während die Humanität gegenüber Schwächeren auch von engagierten jungen Menschen in den verschiedensten Hilfsprojekten demonstriert und umgesetzt wird?

Die Kultur in unserer Gesellschaft ist also vielschichtig und von Widersprüchen geprägt, nicht nur zwischen Generationen oder sozialen Schichten, sondern auch zwischen politischen Richtungen. Wie aber kommen wir wieder zu einer sachlichen und faktenorientierten Debatten- und Diskussionskultur?

Am Ende benötigen wir einen gemeinsamen, gesellschaftlich getragenen Konsens, bei dem wir nicht immer alle einer Meinung sein müssen, aber eine Basis finden, auf der wir die Probleme in unserem Land lösen können.

Dazu bedarf es einer gesunden Kompromissbereitschaft, die die Interessen des Einzelnen wieder hinter die Interessen der Gemeinschaft stellt. Dabei geht es nicht um Verbote, sondern um die Einsicht, dass man mit 40 verschiedenen Meinungen von 40 verschiedenen Menschen die Probleme nicht lösen kann, wenn man nicht aufeinander zugeht.

Überdies müssen wir wieder mehr auf den rationalen Boden der Tatsachen zurückkehren und das Pendel zwischen den Extrempositionen einfangen. Wir dürfen es gar nicht erst so weit „ausschlagen" lassen.

Das erreichen wir, indem wir uns häufiger die nüchterne Frage stellen, ob ein Problem es wirklich wert ist, dass wir uns jedes Mal in einer extremen Wortwahl und Position dazu äußern, oder ob es nicht klüger wäre, aufeinander zuzugehen.

Dabei stellt sich auch die Frage, ob ein vermeintliches Problem überhaupt ein echtes ist oder ob es nur zu einem Problem gemacht wird. Denken Sie hier an den „Trümmerfrauen-Test" aus dem Kapitel *Kommunikationskultur*.

Mathias blickt zurück

Ein Gespräch mit einer jungen Frau, das bereits in den Neunzigerjahren stattfand, holt mich in dieser Frage bis heute immer wieder ein.

Sie hatte sich damals bei mir als Assistentin beworben. Ich fand ihren Lebenslauf besonders interessant, weil sie zuvor vier Jahre in der Sahelzone im Sudan, einer der weltweit ärmsten Regionen, gelebt und gearbeitet hatte.

Im persönlichen Bewerbungsgespräch fragte ich sie, was ihre wichtigste Erkenntnis aus dieser Zeit sei. Sie antwortete kurz und prägnant: „Wir haben kein Problem." Ich war etwas erstaunt und fragte noch einmal nach, worauf sie wieder antwortete: „Wir in Deutschland haben kein Problem. Wir wissen gar nicht, was ein Problem ist!“

Da wurde mir klar, worauf sie hinauswollte. Sie setzte unsere sogenannten Probleme in Relation zu den Problemen, die sie vor Ort erlebt hatte und bei denen es oft um das tägliche Überleben ging.

Das bestärkt uns in dem Gedanken, dass wir die Dinge doch öfter in Relation setzen sollten, wie es schon der gute Albert Einstein in seiner Theorie getan hat.

Die Relativität eines Problems im Verhältnis zu den wirklichen Problemen dieser Welt zu hinterfragen, kann dann schon heilsam sein und uns gelegentlich mal wieder „runterkommen“ lassen.

Die eine oder andere Diskussion wäre wieder etwas rationaler und an der eigentlichen Ursache des Problems orientiert, anstatt sich in Wortgefechten gegenseitig hochzuschaukeln. Dadurch fühlt man sich zwar möglicherweise rhetorisch überlegen, hinterlässt aber einen „handlungslosen“ Raum.

Einen weiteren Raum für die Annäherung verschiedener Kulturen sehen wir darin, viele Dinge nicht sofort als besser oder schlechter einzuschätzen, sondern zu akzeptieren, dass sie anders sind. Im Bewerten sind wir rasant, im Durchdringen eines Phänomens dafür aber umso langsamer geworden.

Die wiederholte Frage nach dem „Warum“ eines Phänomens kann dabei helfen. Toyota nennt dieses Vorgehen die „Five W“-Methode. Man fragt fünfmal warum, um zur eigentlichen Ursache vorzudringen und sich nicht an den Auswirkungen eines Problems aufzuhalten.

Wenden Sie diese Methode am Beispiel des Klimawandels an und Sie werden schnell feststellen, dass der Klimawandel viel zu häufig als Ursache und nicht als Wirkung diskutiert wird. Oft wird es mit jedem „Warum“ unangenehmer, aber auch klarer.

Wenn wir akzeptieren, dass etwas anders, aber eben nicht besser oder schlechter ist, hilft uns das auch, andere Kulturen besser zu verstehen. Das würde dann auch automatisch zu mehr Zurückhaltung gegenüber anderen Kulturen führen. Vielleicht würden wir diese Kulturen dann nicht immer gleich „übermoralisch abwatschen“, nur weil sie nicht unseren Vorstellungen vom Zusammenleben entsprechen.

Während wir in Europa vordergründig auf die Werte der Französischen Revolution, wie Freiheit, Gleichheit und Brüderlichkeit bauen, liegen die Wurzeln der indischen Werte im hinduistischen Kastenwesen oder die der Chinesen im konfuzianischen Buddhismus. Das Miteinander macht die Vielfalt unserer Welt aus, nicht das Gegeneinander.

Dieses Miteinander gilt selbstverständlich auch für unseren Generationenvertrag, denn nur wir alle gemeinsam, Ältere und Jüngere, bereichern uns durch Lebenserfahrung und gute Traditionen einerseits, und Offenheit für neue Technologien und andere Kulturen andererseits. Uns alle eint das Streben nach Glück mit dem Wunsch, dass dies auch für die nachfolgenden Generationen auf diesem Planeten möglich sein soll.

6

WIE KANN DER WIEDERAUFSTIEG GELINGEN? EIN BLICK NACH VORN

Unsere 10-Punkte-Agenda

Wir haben in diesem Buch versucht, die Ursachen der derzeitigen Defizite unseres Landes so rational und faktenbasiert wie möglich herzuleiten. Zunächst haben wir die sich verändernden globalen Rahmenbedingungen untersucht, in denen sich Deutschland heute und in Zukunft behaupten muss. Anschließend haben wir analysiert, welchen Weg Deutschland in den Bereichen Technologie, Wirtschaft, Politik und Gesellschaft eingeschlagen hat und warum dies geschehen ist.

Im letzten Teil unserer „Diagnose Deutschland" haben wir dann betrachtet, wie sich diese Entwicklungen auf unsere Kultur ausgewirkt haben. Gleichzeitig wollten wir wissen, wie sich dieser Kulturwandel wiederum auf uns ausgewirkt hat. Dabei haben wir uns bewusst für einen unterschiedlichen Blickwinkel aus zwei Generationen, den Babyboomern und der Generation Z, entschieden.

Wir konnten feststellen, dass es sich dieses Mal nicht um eine Krise wie zu Zeiten von Lehman-Brothers oder der Corona-Pandemie handelt, sondern um ein grundsätzliches, strukturelles Defizit. Die Vielfalt, in der sich dieses Defizit ausdrückt, ist überwältigend und ernüchternd zugleich.

Wir werden es nur durch unangenehme, substanzielle Einschnitte und Reformen nachhaltig auflösen können. Vorausgesetzt, wir erkennen, dass es sich nicht um eine kurzfristige Krise handelt, sondern um ein tiefes, dauerhaftes und hausgemachtes Defizit. Und genau das haben wir in den guten Zeiten sträflich vernachlässigt. Jetzt werden wir von dieser Sträflichkeit eingeholt und scheinen in den Versäumnissen der Vergangenheit gefangen zu sein.

So könnte es schon jetzt zu einer „Operation am offenen Herzen“ des angeschlagenen Patienten Deutschlands kommen, bei der die Zeit des Abstiegs in die Bedeutungslosigkeit gegen uns läuft.

Wir möchten aufgrund der gebotenen Dringlichkeit an dieser Stelle unsere wichtigsten Erkenntnisse und Vorschläge zusammenfassen. Man könnte diese auch als unseren Vorschlag eines 10-Punkte-Plans für eine „Deutschland-Agenda“ sehen.

Punkt 1

Die Welt von morgen wird eine andere sein als die von gestern. Global wird es zu enormen Bevölkerungsverschiebungen kommen. Das Bevölkerungswachstum der nächsten Jahrzehnte wird vor allem in Afrika stattfinden, was sowohl Chancen als auch Risiken birgt: Einerseits wird es weiterhin klima- und krisenbedingte Flüchtlingsströme geben.

Andererseits wird durch die junge Bevölkerung eine enorme Nachfrage nach Energie und Konsumgütern entstehen. Afrika und der globale Süden werden dabei nicht auf bestehenden Technologien aufbauen, sondern direkt die neuesten Technologien nachfragen, die nur aus Ländern kommen können, die dafür wettbewerbsfähig aufgestellt sind.

Erforderliche Maßnahmen für Deutschland:

- ✔ Die wirtschaftlichen und politischen Beziehungen zum Globalen Süden verstärken und den Fokus der Außenpolitik neu ausrichten.
- ✔ Dringend die Bedarfe der jungen Bevölkerung verstehen und Technologien entwickeln und zielgerichtet anbieten.
- ✔ Mehr Unterstützung für Bildungs- und Infrastrukturprojekte in diesen Regionen bieten.
- ✔ Eine nationale Strategie für diese Wachstumsregionen entwickeln.

Punkt 2

Der Klimawandel wird vorwiegend durch eine stark zunehmende Weltbevölkerung mit einer längeren Lebenserwartung, gepaart mit einem höheren Wohlstandsniveau verursacht.

Erforderliche Maßnahmen für Deutschland:

- ✔ Klimawandel als globales Problem verstehen, welches nicht im lokalen Alleingang gelöst werden kann.
- ✔ Sich international für eine einheitliche CO_2-Bepreisung starkmachen.
- ✔ Regionale Schlüsselleistungen für nachhaltige CO_2-Reduktion entwickeln und diese global ausrollen.
- ✔ Balance zwischen Klimaneutralität und Wettbewerbsfähigkeit bewahren. Vorgabe von Rahmenbedingungen, anstatt Technologie-Verbote.

Punkt 3

Die Welt bewegt sich vom „mechanisch Anfassbaren“ zum „digital Abstrakten“. Die wertvollsten globalen Unternehmen sind datengetrieben und beschäftigen sich unter anderem mit Digitalisierung, Künstlicher Intelligenz, moderner Kommunikation, Robotics, Biotech und neuer Mobilität auf der Erde und im Weltall.

Diese technologische Welt funktioniert nicht nach dem Prinzip „schwarz oder weiß“, sondern nach dem Prinzip „sowohl als auch“.

Deutschland und Europa müssen zur Technologieoffenheit zurückkehren. Nicht die Politik, sondern die Industrie muss entscheiden können, wie der Weg zur Nachhaltigkeit beschritten wird.

Vergleiche zwischen verschiedenen Technologien sollten immer die gesamte Wertschöpfungskette einbeziehen und nicht nur politisch gewünschte Teile davon.

Erforderliche Maßnahmen für Deutschland:

- ✔ Bestehende mechanische Hochtechnologien mit digitalen Konzepten anreichern.
- ✔ Daten und Software als Kernkompetenz verstehen.
- ✔ Gezielte Förderung von Start-ups primär im Deep-Tech-Bereich, wie: Nanotechnologien, KI in Pharma, Solid-State-Batterien etc.
- ✔ Vernetzung von Universitäten und Unternehmen fordern und fördern. Technologie-Cluster schaffen.

- ✔ Überzeugen durch Entwicklung faktenbasierter, technologieoffener Innovationen und nicht durch Verbote.
- ✔ Hightech nicht nur erfinden und entwickeln, sondern selbst kommerzialisieren und global ausrollen.
- ✔ Entsprechende Finanzierungmechanismen etablieren.
- ✔ Nationale und europäische Technologiestrategien entwickeln.
- ✔ „Kultur des Scheiterns“ zulassen.

Punkt 4

Deutschland und Europa müssen dringend ihre veraltete physische und digitale Infrastruktur modernisieren, um den globalen Anschluss nicht zu verpassen und wieder effizienter zu werden. Damit wird Europa auch für globale Investoren attraktiver.

Erforderliche Maßnahmen für Deutschland und Europa:

- ✔ Europäische und nationale Infrastrukturprogramme nicht nur beschließen, sondern auch umsetzen.
- ✔ Genehmigungsverfahren durch klare Gerichtsbarkeit und Zuständigkeiten deutlich vereinfachen und von unnötiger Bürokratie befreien.
- ✔ Nationale Schnellbahn-, Daten- und Energienetze ausbauen und europäisch vernetzen.
- ✔ Einheitliche europäische Abrechnungssysteme für Infrastrukturen, wie bei Mautsystemen, einführen.

Punkt 5

Deutschland muss wieder zu seiner Stärke als einer der wichtigsten Industriestandorte für hochwertige Premiumprodukte zurückfinden. Massive Investitionen zur Steigerung der Produktivität sind notwendig, um für internationale Investoren wieder attraktiv zu werden.

Erforderliche Maßnahmen für Deutschland:

- ✔ Produktivität über geringere Kosten oder längere Arbeitszeiten, gepaart mit den Möglichkeiten der KI und Digitalisierung, steigern.
- ✔ Gezielte Ausbildung und integrative Migration von qualifizierten Fachkräften als Unternehmerpflicht etablieren.
- ✔ Bürokratie auf Landes-, Bundes- und EU-Ebene abbauen.
- ✔ Berichtspflichten auf Notwendigkeit prüfen und abschaffen.
- ✔ Rechtssicherheit für Investitionen garantieren.
- ✔ Mittelständische Struktur durch Entlastungen erhalten und Hidden Champions schützen.
- ✔ Shift-Investitionsstrategien auf zukunfts- und systemrelevante Innovationen fokussieren, wie: KI, autonomes Fahren, Biotech etc.

Punkt 6

Deutsche Unternehmen mit ihrer jahrzehntelangen Erfahrung als Weltmarktführer müssen wieder agiler werden und ihren Führungsstil an eine sich schneller verändernde, disruptive Welt anpassen.

Erforderliche Maßnahmen für deutsche Unternehmen:

- ✔ Vernetzten Führungsstil neben einem hierarchischen zulassen und beide sinnvoll miteinander verbinden.
- ✔ Agile Organisationsformen schaffen, um Disruptionen zu begegnen, Entwicklungszeiten von flexibel anpassbaren Produkten und Dienstleistungen senken.
- ✔ Strategien längerfristig, aber flexibel auslegen.
- ✔ Aufsichtsräte nach Professionalität, Kompetenz und Erfahrung auswählen.

Punkt 7

Die deutsche und europäische Politik muss wieder handlungsfähiger werden. Es muss eine klare Differenzierung zwischen regionalen, nationalen und europäischen Problemlösungen geben.

Europäische Themen müssen auch europäisch gelöst und möglichst vereinheitlicht werden. Gleichzeitig müssen die Nationalstaaten wieder die Freiheit erhalten, ihre eigenen Herausforderungen national zu lösen.

Erforderliche Maßnahmen für Europa:

✔ Aufbau einer europäischen Armee mit effizienten und standardisierten Waffensystemen, um global bestehen zu können.

✔ Einheitliche europäische Migrationspolitik, die für alle bindend ist, sofort umsetzen.

✔ Weitere europäische Standards nur dort einführen, wo sie zu Effizienzsteigerungen und Kostensenkungen durch Vereinfachung und weniger Bürokratie beitragen.

✔ Doppelstrukturen zwischen Mitgliedstaaten und EU-Administrative abschaffen. Initiativrecht für das EU-Parlament einführen.

✔ Globale Perspektive auf das EU-Kartellrecht projizieren.

Erforderliche Maßnahmen für Deutschland:

- ✔ Standardisierungsbalance zwischen Bund und Ländern von unter anderem Bildungspolitik, Zuwanderung, Fragen der inneren Sicherheit herstellen.
- ✔ Genehmigungsverfahren von Projekten mit nationaler Tragweite auf Bundesebene heben, wie beim Bau der LNG-Terminals 2022/2023.
- ✔ Kompetenzen der Bundespolizei ausweiten.
- ✔ Vernetzte Zusammenarbeit mit lokalen Behörden einfordern.

Punkt 8

Deutschland muss dringend wieder den liegengebliebenen Reformstau auflösen und zukünftig eine nachhaltige Reformfähigkeit entwickeln. Dabei müssen die Staatsquote und die überbordende Bürokratie zurückgefahren werden.

Erforderliche Maßnahmen für Deutschland:

- ✔ Dringende Reformen der Renten-, Bildungs- und Gesundheitssysteme umgehend umsetzen.
- ✔ Vereinfachung des Steuersystems nachhaltig einführen.
- ✔ Nationales Einwanderungsgesetz für qualifizierte Migration beschließen und umsetzen.
- ✔ Restrukturierung der Verteidigungsstrukturen und der Bundeswehr weiter vorantreiben.

Punkt 9

Die deutsche Politik muss sich selbst reformieren und ermutigt werden, unangenehme Entscheidungen und Reformen entschlossen anzugehen. Nicht die Wiederwahl, sondern der „Dienst am Volke“ sollte das politische Handeln bestimmen. Die Fachkompetenz, vernetzt zu denken und zu handeln, gepaart mit einer sozialen Kompetenz, sollte wieder in den Vordergrund rücken.

Der Deutsche Bundestag muss volksnaher werden und die Diversität aller Berufsgruppen der deutschen Bevölkerung repräsentieren.

Erforderliche Maßnahmen für Deutschland:

- ✔ Amtszeitbegrenzungen der Bundesregierung auf acht Jahre und der Mitglieder des Bundestages auf zwölf Jahre einführen.
- ✔ Alle Politiker und Beamte in die normalen Renten-, Sozialversicherungs- und Steuersysteme integrieren.
- ✔ Bundestags- und Landtagswahlen aufeinander abstimmen, damit Wahlkampfpausen entstehen.
- ✔ Stärkere Ressortautonomie für die verschiedenen Ministerien umsetzen, um „faule Koalitionskompromisse“ und Machtkämpfe zu verhindern sowie schneller agieren zu können.
- ✔ Möglichkeiten zum Quereinstieg in die Politik vereinfachen.
- ✔ Alternative politische Karrieremöglichkeiten installieren.

Punkt 10

Öffentliche Strukturen müssen ebenso reformiert werden wie die Politik. Ein schlanker und agiler Staat kann auf eine sich schnell ändernde Umgebung angemessen reagieren. Dysfunktionale Strukturen gilt es abzubauen und Leistung sowie Neutralität zu fördern.

Dogmatismus und Bürokratie sollten Pragmatismus weichen, um die Staatsquote zu reduzieren.

Erforderliche Maßnahmen für Deutschland:

✔ Reform des Beamtentums:

- Anpassung des Beamtenstatus für Lehrkräfte, Verwaltungsbehörden und Teile des öffentlichen Dienstes.
- Balance der Auszahlung von Rente zu normalen Arbeitnehmern wiederherstellen.
- Überführung des Beamtentums in die allgemeinen Sozialsysteme.
- Einführung von leistungsbezogenen Bezügen.

✔ Sicherstellung der neutralen Berichterstattung des Öffentlich-Rechtlichen-Rundfunks sowie Reduzierung der Programmkosten.

✔ Administrative Prozesse in der Justiz zurückfahren und Digitalisierung priorisieren.

✔ Ganzheitliche Analyse von Verwaltungstätigkeiten und Aufgaben des öffentlichen Dienstes über Bund und Länder hinweg durchführen und Duplizitäten abbauen.

✔ Analyse der aktuellen Gesetzgebungen auf ihr Vereinfachungspotential zum Abbau von Bürokratie.

Dieser **10-Punkte-Plan** kann Deutschland wieder auf Kurs bringen und als Handlungsaufforderung und Grundlage für neue Debatten dienen.

Aber Deutschlands Zukunft entscheidet sich nicht an der Schnittstelle zwischen Politik und Wirtschaft, sondern mit einer bewussten Rückbesinnung auf das, was uns stark gemacht hat:

Menschen, die bereit sind, Verantwortung für ihr eigenes Handeln zu übernehmen, und eine Gesellschaft, die gemeinschaftlich für ein größeres Ganzes einsteht.

Die Balance zwischen Eigenverantwortung und Gemeinschaft: Warum wir beides brauchen

Mündige Bürger müssen mehr tun, als alle paar Jahre zur Wahl zu gehen. Es reicht nicht, sich gelegentlich politisch zu äußern. Wir müssen uns aktiv einmischen, kritisch hinterfragen und konstruktiv herausfordern. Dabei sollten nicht persönliche Angriffe im Vordergrund stehen, sondern die sachliche und ergebnisoffene Auseinandersetzung.

In jeder wichtigen Debatte sollte es darum gehen, die Fakten neu zu hinterfragen und nicht einfach demjenigen zuzustimmen, der seine Argumente am geschicktesten verpackt oder am lautesten und radikalsten auftritt.

Es geht darum, die Rationalität eines Problems zu verstehen. Was sind die Ursachen und die Auswirkungen eines bestimmten Phänomens? Wer profitiert vom Status quo und wer hat Interesse an einer Veränderung? Es reicht nicht, zu wissen, wogegen man ist, man muss auch artikulieren können, wofür man steht.

Ein weiteres grundlegendes Thema ist die Verantwortung für unsere Kinder und zukünftige Generationen. Ihre Erziehung ist nicht in erster Linie Aufgabe des Staates, sondern die von uns selbst. Wenn wir ihnen mehr Leistung und Wettbewerb abverlangen, bereiten wir sie gleichzeitig besser auf die Lebenswirklichkeit vor und überlassen sie nicht nur der virtuellen Welt. Dabei sollten wir bewährte und traditionelle Werte vorleben, ohne neue Motivationen und Generationenunterschiede zu ignorieren. Anerkennung und Lob sollten Anstrengung und Leistung folgen – und nicht im Voraus verteilt werden.

Unsere Welt ist komplex geworden, aber das heißt nicht, dass wir Probleme unnötig verkomplizieren dürfen. Im Gegenteil: Wir sollten nach gnadenlos pragmatischen und einfachen Lösungen suchen, wo immer dies möglich ist. Oder wie Leonardo da Vinci sagte: „Einfachheit ist die höchste Stufe der Vollkommenheit".

Das „Was" sollte vor dem „Wie" stehen. Inhalt und Substanz haben Vorrang vor bloßer Rhetorik. Vernetztes Denken und Handeln ist dort wichtig, wo es notwendig ist – und ebenso müssen wir bereit sein, die Konsequenzen unseres eigenen Handelns zu tragen.

Individualismus ist ein Privileg unseres Wohlstands. Es wäre falsch, alles, worauf unser Wohlstand beruht, infrage zu stellen. Dennoch sollten wir es nicht übertreiben, sondern uns fragen, ob das, was der Gemeinschaft weiterhilft, am Ende auch das sein könnte, was uns persönlich weiterhilft. Das Individuum als höchste Entscheidungsmaxime muss nicht immer richtig sein.

Dazu gehört auch, gesellschaftliche Verantwortung zu übernehmen – sei es, wenn nötig, durch eine Wehrpflicht, ein soziales Jahr für junge Erwachsene oder durch Mentoring-Programme für die ältere Generation.

Unsere starke Wirtschaft und das Siegel „Made in Germany" haben uns global zu einem angesehenen Land gemacht. Doch diese Errungenschaften gingen oft einher mit Überheblichkeit, Arroganz und moralischem Kolonialismus gegenüber anderen Kulturen. Oder um es mit den einfachen Worten der Bibel zu sagen: *„Hochmut kommt vor dem Fall."*

Stattdessen sollten wir zukünftig versuchen, andere Kulturen und ihre Motive besser zu verstehen und von ihnen zu lernen, anstatt ihnen unsere Moral aufzudrängen. Nicht alles muss als besser oder schlechter bewertet werden – oft ist es einfach nur anders. Viele Wege führen zum Ziel, und unserer ist nicht immer der richtige.

Ein globales Miteinander der Kulturen ist eine Bereicherung – ein Gegeneinander führt unweigerlich zu Konflikten. Ein Grundsatz, der so auch in Deutschland gelten könnte.

Noch nie haben so viele Menschen unseren Planeten bevölkert und gleichzeitig von ihm leben müssen. Allein diese Quantität stellt die Menschheit vor riesige Herausforderungen, die nicht mehr mit den Methoden und Mitteln von gestern gelöst werden können.

An einem Punkt auf dem Weg in diese neue Welt der vernetzten Daten sind wir falsch abgebogen und müssen jetzt schnell wieder zurück auf Kurs, um uns unabhängiger von den „Datenzügen" der anderen zu machen. Gelingt es uns nicht, das Ruder herumzureißen, werden wir in dieser neuen Wirtschaftswelt aus Digitalisierung, Robotics und KI nur noch eine Nebenrolle spielen, mit fatalen Folgen für nächste Generationen in Deutschland und Europa.

In unserem Buch haben wir analysiert, provoziert und versucht, Wege aus dem derzeitigen Status quo eines drohenden Abstiegs Deutschlands in die Bedeutungslosigkeit aufzuzeigen. Wenn wir dabei gelegentlich etwas überzogen haben, war das nie persönlich angreifend gemeint. Vielmehr wollten wir damit die Dringlichkeit der anzugehenden Probleme und Herausforderungen unterstreichen.

Viele der von uns analysierten Indikatoren sprechen gerade gegen uns. Sie werden uns leider nicht den Gefallen tun, von allein besser zu werden. Dazu haben auch wir nicht die große neue Zauberformel finden können. Wir müssen uns schon selbst anstrengen und bewegen, um Verlorenes aufzuholen.

Das ist aber noch immer möglich, wenn wir jetzt entschlossen und konsequent handeln, so wie die eigentlichen Heldinnen unserer jüngeren deutschen Geschichte, die Trümmerfrauen der Nachkriegszeit. Ohne sie würde es unser heutiges Deutschland so gar nicht geben und deshalb widmen wir ihnen dieses Buch.

Hinweis

Sämtliche Inhalte aus diesem Buch wurden sorgfältig recherchiert. Alle detaillierten Quellenangaben finden Sie unter dem folgenden QR-Code:

Über die Autoren

Dr. Mathias Hüttenrauch, Jahrgang 1964, ist seit über 30 Jahren in der Automobilindustrie tätig. Er hat Kraftfahrzeugtechnik studiert und seine MBAs in Zürich und New York absolviert, bevor er auf dem Gebiet der strategischen Frühwarnung promoviert hat. Dr. Mathias Hüttenrauch war in verschiedenen globalen Führungspositionen, unter anderem bei Nedschroef Holding, Benteler Automotive, Visteon Corporation und Siemens VDO tätig, zuletzt als Vorstandsvorsitzender/CEO Europe beim Marktführer für mobile Batterien, CATL. Er war Beiratsmitglied des Verbandes der deutschen Automobilindustrie (VDA) und verfügt über ausgeprägte Asienerfahrung, insbesondere in China und Indien. Er ist Autor des Buches: „Effiziente Vielfalt-Die dritte Revolution in der Automobilindustrie“ (Springer, 2008).

Benedikt Ötting, geboren 1999, ist gelernter Ingenieur, arbeitet seit 2021 in der Unternehmensberatung und gründete 2017 und 2020 zwei eigene Unternehmen. Er hat eine große Leidenschaft für Politik und Demokratie, die er bereits während seines Studiums für sich entdeckte. Zu seinen politischen Projekten gehört unter anderem die Initiative „German-Dreams“. Hier tritt er als Wertebotschafter auf und geht in den Dialog mit Kindern und Jugendlichen. In seinem Podcast „Thought Leader“ spricht Benedikt Ötting seit 2022 mit inspirierenden Persönlichkeiten aus Politik, Gesellschaft und Sport über ihre Ideen und Visionen zu einer nachhaltigeren Zukunft, ihrer Motivation und wie sie das Morgen unserer Gesellschaft gestalten wollen.

Dir hat das Buch gefallen?

Wir freuen uns über jede Rezension bei Amazon.

Mit deiner Rezension unterstützt du uns, bei Amazon eine verbesserte Sichtbarkeit zu erhalten. Das hilft vielen Menschen sehr weiter.

Sende uns gerne eine E-Mail mit einem Screenshot von deiner Bewertung bei Amazon und erhalte ein tolles Geschenk.

Du hast Interesse an unseren Büchern?

Zum Beispiel als Geschenk für deine Kunden oder Mitarbeiter?

Dann fordere unsere attraktiven Sonderkonditionen an.

ForwardVerlag

Titel:	WHY I CARE
Untertitel:	Wie gute Unternehmer großartig werden und privat im Lot bleiben
Autorin:	Paula Brandt
ISBN:	978-3-947506-73-0

Was kommt für dich, wenn du als Unternehmer*in erfolgreich bist? Gerade die sehr Erfolgreichen fragen: „Was will ich eigentlich als Mensch erreichen?"

In den ersten Jahren als Unternehmer*in geht es um Begrenzung. Wie wirst du größer? Wie findest du Kunden und richtige Mitarbeiter? Wie kriegst du finanzielle Reichweite? Wenn du das alles gelöst hast, bist du nach Auffassung vieler erfolgreich. Wirklich?

Unternehmersein so angehen, dass du nachhaltig erfolgreich bist – um ein neues Level an Zufriedenheit und Stimmigkeit in dein Leben zu bringen. Klar, das schafft und will nicht jeder. Aber wer die Reise macht, kann zum Leuchtturm werden. Mit unternehmerischen Aktivitäten, die nochmal ganz anders abgehen, weil die Firmen zum sichtbaren Ausdruck deines Grundantriebes werden. Die spannendsten Unternehmer*innen haben das geschafft und zeigen auf beeindruckende Weise, wie sie Wirtschaft neu gestalten und wie rund ihr Leben dabei ist.

ForwardVerlag

Titel: Wohlstandsarmut

Untertitel: Ist der deutsche Mittelstand am Abgrund oder bieten sich jetzt Chancen für die Zukunft?

Autor: Matthias Eser

ISBN: 978-3-98755-100-0

In der Geschichte der globalen Wirtschaft hat Deutschland nach dem Zweiten Weltkrieg eine bemerkenswerte Entwicklung durchlebt. Als eine der führenden Wirtschaftsmächte etablierte sich das Land über Jahrzehnte hinweg als Vorreiter in zahlreichen Industrien. Doch in jüngerer Zeit haben fragwürdige politische Entscheidungen auf nationaler und europäischer Ebene zu einem schleichenden Abschwung geführt, der die einstige Rolle Deutschlands in ein neues Licht gerückt hat.

„Wohlstandsarmut" bietet nicht nur eine Analyse vergangener Entwicklungen, sondern auch einen Ausblick auf die Zukunft des deutschen Mittelstands und die Möglichkeiten, die sich für innovative und engagierte Akteure bieten.

ForwardVerlag